KB169079

고전오락

| 고전오락 |

초판 1쇄 인쇄 2015년 11월 9일
초판 1쇄 발행 2015년 11월 16일

지은이 허경태
펴낸이 한익수
펴낸곳 도서출판 큰나무
등록 1993년 11월 30일 (제5-396호)
주소 410-817 경기도 고양시 일산동구 호수로430번길 13-4
전화 031-903-1845
팩스 031-903-1854
이메일 btreepub@naver.com
블로그 blog.naver.com/btreepub

값 14,000원
ISBN 978-89-7891-301-0 (03140)

이 도서의 국립중앙도서관 출판예정도서목록(CIP)은 서지정보유통지원시스템 홈페이지
(http://seoji.nl.go.kr)와 국가자료공동목록시스템(http://www.nl.go.kr/kolisnet)에서 이용하
실 수 있습니다. (CIP제어번호 : CIP2015029947)

고전에서 얻는 5가지 즐거움

고전오락

허경태 지음

 큰나무

거인의 어깨에 올라탈 기회를 놓치지 마라

"동양 고전 속에 모든 곳으로 통하는 길이 있다."

동양 고전에 대한 책이 많이 있지만 왜 고전을 읽어야 하는지에 대한 답을 주는 책은 의외로 많지 않다. 동양 고전은 사람이 살아가는 모든 길을 제시하고 있다. 또한 왜 사는지에 대한 물음의 답을 명확히 알려 준다.

2003년부터 《천자문》, 《명심보감》, 한시를 짓기 위한 기초 입문서라 할 수 있는 《천고담》, 《논어》, 《맹자》, 《시경》을 배우면서 고전이 주는 마력에 푹 빠져 있다. 앞으로도 계속해서 사서삼경에 대한 학습계획을 잡아놓고 있다. 요즘은 동양 고전을 계속 공부할 수 있다는 설렘만으로 행복을 느낄 만큼 고전을 읽는 즐거움에 푹 빠져 있는 나날이다.

지천명의 짧지 않은 세월을 살아오면서 서양 고전이나 동서양의 문학 작품, 유명 철학자와 사상가들의 책은 많이 접한 것 같은데 동양 고전에 대해서는 왜 최근에서야 공부하게 되었는지는 나 자신도 알 수 없다. 아마도 우리나라의 교육 현실이 지나치게 서양 학문 중심으로 짜여 있기 때문에 동양 고전에 대한 관심을 갖기가 어렵지 않았나 하는 생각이 든다.

우리 모두는 자신을 키워 수확의 결실을 거둬들이는 농부와 같다. 우리 스스로 싹을 틔우고 무성한 나무로 자라려면 고전을 읽어야 한다. 고전은 미래에 유용하게 쓰일 재목을 만들어주는 값진 보물이기 때문이다.

흔히 우리의 삶을 자전거 타기에 비유한다. 끝없이 달려야만 쓰러지지 않기 때문이다. 고전을 읽는다는 것은 쓰러지지 않고 자전거 페달을 계속 밟아 달리게 하는 에너지라고 할 수 있다.

나이가 들고 철이 좀 든 후 고전을 읽는 즐거움은 인간을 원숙하게 해주는 것 같다. 특히 동양 고전은 인간이 살아가는 삶의 기본과 원칙을 고스란히 전해 준다. 나이가 든 지금에 와서야 후회하는 것 중 하나는 젊은 시절에 동양 고전을 접하지 못했던 것이다.

대부분의 사람들이 시간의 귀중함을 느낄 때는 어느 정도 나이가 든 후이다. 나이가 든 후에 자기가 좋아서, 하고 싶어서 하는 일이나 공부는 정말 즐겁다. 그 이유는 모든 부담에서 벗어나 스스로 즐기면서 할 수 있기 때문일 것이다.

이 세상에 사람으로 태어나서 학력 차이, 빈부 고하에 관계없이 누구나 죽음을 앞두고 뉘우치는 후회 세 가지를 인생삼회人生三悔라고 한다. 첫째는 나누고 베풀지 못한 것에 대한 후회이고, 둘째는 참지 못한 것에 대한 후회이며, 셋째는 좀 더 행복하게 살지 못한 것에 대한 후회다.

아이작 뉴턴은 "내가 다른 사람보다 멀리 내다볼 수 있었다면 그것은 내가 거인의 어깨 위에 올라서 있었기 때문이다."고 했다. 동양 고전을 읽는다는 것은 거인의 어깨 위에 올라서는 것과 같기에 다른 사람보다 미래를 먼저 멀리 내다볼 수 있는 길을 열어준다. 필자는 젊은 시절 거인의 어깨에 올라탈 기회를 놓치고 나이가 든 지금에서야 동양 고전을 공부하고 있다. 일찍 고전을 공부하지 못한 것에 대한 후회는 있지만, 늦은 나이에도 고전을 공부하고 있다는 사실만으로도 만족하고 있다. 한 학자나 전공자도 아닌 필자가 동양 고전을 공부하면서 머릿속에서 떠나지 않은 생각은, 젊은 친구들이 먼저 동양 고전을 공부해야 한다는 것이다.

이 책을 집필하게 된 이유는 지혜로운 삶을 살아가도록 해주는 지침이 되는 동양 고전을 접할 수 있다면, 그 사람은 생의 나침반을 들고 목적지를 향해 나아가는 후회 없는 삶을 살아갈 수 있을 거라는 확신이 들어서다. 우리가 한평생을 살아가는 데는 건너야 할 무수한 강과 산이 있다. 일상의 타성에서 벗어나 각자 변신을 꾀하지 않는다면 깊고 깊은 강의 수렁이나 깊은 계곡에서 벗어나지 못해 삶의 근원에 결코 도달할 수 없을 것이다. 후회 없는 삶을 살려면 동양 고전을 접해야 한다고 강조하고 싶다. 필자의 과거를 반추해 보면서 지혜롭지 못했던 삶을 후회하는 심정에서 말이다.

이 책은 동양 고전을 공부하면서 순간순간의 감흥을 적은 것이다. 고전에 대해 깊이 있고 전문적인 글은 아니지만 이 책을 통해 동양 고전에 관심이 없었던 사람들이 흥미를 가지고 본격적인 공부를 할 수 있는 자극제가 되기를 바라는 마음으로 용기를 내 쓰게 됐다.

"독자들이여, 동양 고전의 바다에 한번 푹 빠져보라."
삶이 당신의 뒤통수를 치더라도
결코 동양 고전은 당신을 배반하지 않을 것이다.

허경태

■ **제 3 장 / 고통을 극복하는 즐거움**

■ **제 4 장 / 학문을 익히는 즐거움**

■ **제 5 장 / 인간을 이해하는 즐거움**

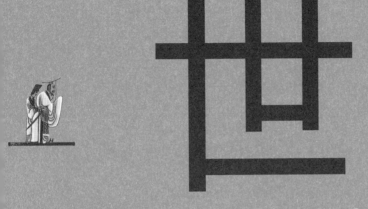

世

제 1 장

세 상 을 통 찰 하 는 즐 거 움

苟政猛於虎

가정맹어호

가혹한 정치는 호랑이보다 더 사납다

예나 지금이나 백성들의 고혈을 빨아먹는 위정자는 늘 있었다. 노자가 쓴 도덕경道德經에 수탈정치에 대한 언급이 나온다.

"백성이 굶주리는 것은 윗사람이 세금을 너무 많이 받아먹기 때문이다." (民之饑, 以基上, 食稅之多)

위정자가 나라를 부강하게 한답시고 세금으로 다 거두어 가버리니까 백성이 굶주릴 수밖에 없는 것은 당연한 일이다. 운하를 판다, 도로를 낸다, 이웃 나라와 전쟁을 한다, 뭐를 한다, 뭐를 재정비한다, 뭣을 개혁한다 하면서 인위적인 다스림으로 못살게 하니까 당연히 백성들은 저항하고 반항하고 다른 나라로 도피하고, 그래서 나라가 더욱 힘들어진다는 것이다.

예기禮記에도 가정맹어호苛政猛於虎 고사가 나온다. "가혹한 정치는 호랑이보다 더 사납다"는 뜻으로 수탈은 호랑이에게 잡아먹히는 고통보다 더 무섭다는 말이다.

춘추시대 말엽, 공자의 고국인 노나라에서는 조정의 실세인 대부 계손자季孫子의 가렴주구로 백성들이 몹시 시달리고 있었다. 어느 날, 공자가 수레를 타고 제자들과 태산 기슭을 지나가고 있을 때 부인의 애절한 울음소리가 들려왔다.

일행이 발길을 멈추고 살펴보니 길가의 풀숲에 무덤 셋이 보였고, 부인은 그 앞에서 울고 있었다. 자비심이 많은 공자는 제자인 자로에게 그 연유를 알아보라고 했다.

자로가 부인에게 다가가서 물었다.

"부인, 어인 일로 그렇듯 슬피 우십니까?"

부인은 깜짝 놀라 고개를 들더니 이윽고 이렇게 대답했다.

"여기는 아주 무서운 곳이랍니다. 수년 전에 저희 시아버님이 호환虎患을 당하시더니 작년에는 남편이, 그리고 이번에는 자식까지 호랑이한테 잡아먹혔답니다."

"그러면 왜 이곳을 떠나지 않으십니까?"

"하지만 여기서 살면 세금을 혹독하게 징수당하거나 못된 벼슬아치에게 재물을 빼앗기는 일은 없지요."

자로에게 이 말을 전해 들은 공자는 제자들에게 이렇게 말했다.

"잘들 기억해 두어라. '가혹한 정치는 호랑이보다 무섭다'는 것을…."

최근 지속적으로 언론에 보도되는 구조조정을 비롯하여 국제경기 악화와 건강보험, 국민연금, 각종 공과금 등의 인상은 국민들의 마음을 무겁게 한다. 제발 위정자의 쓸데없는 힘 때문에 나라에 돈이 필요하고, 그러기에 세금을 과다하게 징수해서 고통을 주지 않기를 바랄 뿐이다.

국민들의 입에서 '사는 것이 죽는 것보다 못하다'는 생각을 가지고 살아가게 해서는 안 된다. 제발 잘사는 소수를 위한 정책 추진이 아닌, 진정으로 소시민의 주름살을 펴게 해주는 참된 정치가 되었으면 좋겠다는 생각이다. 위정자들에 대한 국민들의 원망이 크면 클수록 사회가 혼란해지고, 민심은 더욱 멀어질 수밖에 없는 것은 당연한 이치이다.

행복은 나비와 같다고 한다. 그것을 따라가 잡으려면 자꾸만 멀어지지만, 그렇게 하는 일을 그만두면 나비가 살며시 우리에게 와서 앉는다. 요란을 떨며 억지 부리지 말고 순리를 따라 살아야 잘 된다는 것을 수천 년 전부터 성인들은 이미 말해오지 않았던가.

人事萬事

인사만사

인사가 만사다

문화평론가 진중권이 쓴 《교수대 위의 까치》에는 화가 피테르 브뤼헐의 작품 '소경의 인도'에 대한 작가 나름의 독창적인 그림 읽기가 소개된다. "소경이 소경을 인도하면 모두가 구렁텅이에 빠진다."는 내용이 그것이다. 이는 성서에 나오는 말로 신의 인도에 따름을 의미한다. 하지만 나는 이 문장을 읽다가 문득 떠오르는 이야기가 있었다. 그것은 묵자의 《상현상尚賢上》에 나오는 〈도둑을 막는 방법도기무자출·盜其無自出〉에 관한 고사이다.

어떤 부자가 있었다. 그는 집 안에 가득한 금은보화를 둘 곳이 없어 골머리를 앓았다. 이리저리 궁리하다가 좋은 꾀를 하나 생각해냈다. 높고 튼튼한 담을 쌓은 다음 사방을 둘러막고 맨 꼭대기에만 문을 달고

금은보화를 그 안에 넣어두는 것이었다. 어느 날 밤 과연 도둑이 들었다. 부자는 도둑이 들어가서 한창 보화를 주워 담는 사이에 맨 꼭대기에 있는 하나밖에 없는 문을 잠갔다. 도둑은 어디로도 나갈 수 없었다.

도둑을 막는 방법은 의외로 아주 단순하다. 집 안의 모든 문을 둘러막고 하나의 문만 열어놓으면 되는 것이다. 한 나라를 다스리는 지도자도 마찬가지다. 여기서 '하나의 문'은 바로 '정의의 문'이다. 정의라는 문만 열어놓는다면 불의한 사람은 쉽게 드나들지 못하기 때문이다.

우리나라는 정권이 바뀔 때마다 인사人事를 잘못하여 실정을 저지르는 경우가 허다했다. 예부터 인사가 만사萬事라는 말도 있듯이 한 나라를 이끌어가기 위해서는 인사에 대한 지도자의 소신이 뚜렷해야 한다.

조선시대 인사제도의 원칙은 입현무방立賢無方, 유재시용惟才是用이었다. 먼저 현자를 등용하는 데 모가 나서는 안 된다는 것, 다시 말하면 혈연·학연·지연을 초월해야 한다는 뜻이다. 다음으로는 오직 재주 있는 사람을 등용해야 한다는 것, 이는 능력주의를 존중해야 함을 말한다. 현 정권도 인사 문제의 난맥상을 보이면서 지난 국정이 순탄치 못했다.

도둑을 막는 이야기도 지도자가 정의라는 원리만 확고히 지키고 있다면 사방의 문이라고 할 수 있는 주변의 친척이나 측근이 자신의 위치를 이용해서 불의를 꾀하지 못한다는 교훈을 주고 있다.

남명 조식 선생은 "배를 띄우는 것은 물이지만, 때로는 물이 배를 뒤집어엎을 수도 있다."고 했다. 이는 국민을 생각하지 않는 위정자들은 뒤집어엎어질 수 있음을 경고한 것이다.

"소경이 소경을 인도하면 모두가 구렁텅이에 빠진다."라는 말은 한 국가의 지도자가 능력 있는 인재를 외면하고, 능력이 부족한 측근이나 보은으로 인재를 등용할 때, 죄 없는 국민 모두를 구렁텅이로 인도해 가는 결과를 가져올 것이라는 사실이다.

炎凉世態

염량세태

뜨겁고 차가운 세태

국어사전을 보면 "권세가 있을 때는 아첨하여 좇고, 권세가 없어지면 푸대접하는 세상의 인심"을 염량세태炎凉世態라 밝히고 있다. 한자대로 풀이하면 "뜨겁고 차가운 세태"로 쓸 수 있는데 세상을 살다 보면 남에게 도움을 줄 수도 있고, 반대로 도움을 받을 수도 있다. 그런데 문제는 남이 힘들어할 때 내가 도움을 주었지만 정작 내가 어려움에 직면했을 때는 외면을 당하는 경우가 있다. 이를 두고 우리는 흔히 "갓끈 떨어지면 끝"이라는 말을 자주 한다.

직장에서 주요 부서에 일하거나 직위가 높을 때는 온갖 인맥을 들이대면서 아는 체하지만, 요직에서 밀려나거나 고위직을 그만두게 되면 언제 그런 일이 있었느냐는 듯이 고개를 돌리고 마는 것이다. 잘나갈 때는 문전성시를 이루지만 힘을 잃고 나면 찾는 사람이 없다. 권세가 있고 돈이 있는 사람과는 자신의 이익을 위해 영합하고 온갖 아첨을 하다가도 권세가 떨어지거나 돈이 없어지면 순식간에 냉정하게 변하는 게 세상인심인 것이다. 이처럼 사람 마음이 순식간에 더웠다 식었다 해서 염량세태라는 말이 나왔을 것이다.

나는 한동안 공직 생활을 한 적이 있었다. 그때는 초 · 중 · 고는 물론 대학 동기와 선후배에 이르기까지 많은 교류가 있었다. 하지만 공직을 그만둔 지 1년도 채 되지 않아 모든 관계가 끊어졌다. 갓끈 떨어진 것이 증명된 셈이었다. 심지어 요즘 말하는 절친이라 불리는 익우益友라고 믿었던 친구마저 멀리 대하기 시작했다.

염량세태와 관련된 고사 중에는 맹상군孟嘗君의 일화가 유명하다.

전국시대 제나라의 권력가인 맹상군은 수천 명의 식객을 거느린 사람이었다. 맹상군은 막강한 권력으로 세도를 부렸지만 뜻을 이루지 못한 선비나 기거할 곳 없는 지사志士, 재주 있는 자를 모두 받아들였다. 또한 신분에 개의치 않고 융숭한 대접을 아끼지 않았다.

한편 제나라의 임금은 그의 위세가 날로 커져가는 것에 불안을 느껴 그의 자리를 빼앗고 나라 밖으로 추방해 버렸다. 그러자 그간의 대접을 받았던 식객들은 의리도 없이 모두 떠나가 버렸다.

나중에 제나라 임금이 잘못했다면서 맹상군을 다시 불러들여 자리를 주고 복권시키자 떠나갔던 식객들이 다시 모이기 시작했다. 맹상군은 황당해서 '아니 이자들이 무슨 염치로 다시 찾아오는 것이지?' 하고 받아들이지 않으려고 했다. 그러자 한 핵심 참모가 이렇게 말했다.

"주군, 사람들이 아침이면 시장으로 모여들고 저녁이면 모두 뒤도 돌아보지 않고 뿔뿔이 흩어져 가는 것은 사람들이 특별히 아침 시장을 편애하고 저녁 시장을 유달리 미워해서가 아닙니다. 저녁에는 필요한 물건이 이미 다 팔리고 없는지라 떠나갈 뿐입니다. 주군이 권세를 잃자 떠나간 것이고 다시 되찾자 모여든 것뿐이니 이는 자연스러운 것입니다. 속으로 원망은 되겠지만 저들을 물리치지 마십시오. 모두 주군의 힘이 되는 것입니다."

이에 맹상군은 더러워도 참고 웃는 얼굴로 그들을 받아들였다고 한다. 이 고사는 인간의 본성을 잘 설파하고 있다.

세상이 갈수록 물질 위주로 모든 것을 평가하다 보니 사람도 돈이 없으면 아무리 교양이 있고 지식이 있어도 제대로 대접을 받지 못하고 무시당하는 것이 현실이다. 세상이 이렇게 물질주의에 빠지면서 돈과 권력을 위해서는 죽음을 무릅쓴 나방처럼 불속에 뛰어드는 것이다. 심지어는 TV에 나오는 드라마처럼 부모와 자식, 형제간에도 돈 때문에 원수가되는 서글픈 현실 앞에서 무슨 할 말이 있겠는가? 쓴웃음만 날 뿐이다.

권세가 있을 때는 아첨하여 따르고 세력이 없어지면 푸대접하는 세속의 경박함, 염량세태는 최근에 와서 더욱 심해지는 양상을 보인다.

《채근담》에 이런 글귀가 나온다.

"육친 사이에는 정의가 두터워서 서로 사랑하고 동정할 수 있을 것 같지만, 도리어 질투와 시기가 남보다도 더 심한 경우를 볼 수 있는데, '사촌이 논을 사면 배가 아프다'는 말도 까닭이 없는 말은 아니다. 대체적으로 남보다는 친족 사이에 있어서 처신이 어려운 경우가 많다. 그러므로 우리는 언제나 평정한 기운과 냉철한 마음으로 이 같은 세상 인정에 대응해서, 심한 감정 대립을 피하고 모든 일에 있어서 원만하게 처세하여야 한다."

이처럼 살아가면서 한때의 섭섭함으로 자신이 상처를 입기보다는 인간의 본성이 그렇다는 것을 알고 현명하게 대처할 줄 알아야 마음의 평화를 얻을 수 있을 것이다.

愛錢忘命 _{애전망명}

목숨보다 소중한 돈

    살다 보면 금액의 많고 적음을 떠나 돈을 빌리거나 빌려줄 일이 생기게 마련인데, 재미있는 것은 돈거래를 하다 보면 평소에 몰랐던 서로의 성격이 확실하게 드러남을 알 수 있다. 돈거래를 통해서 우리는 대범한 사람, 소심한 사람, 의심 많은 사람, 자존심 긁는 사람, 뽐내는 사람, 짜증 나는 사람 등 다양한 성격을 읽을 수 있는 것이다. 돈에 얽힌 일화는 우리 주변에도 많이 있듯이 일생을 살면서 돈 때문에 가까운 사이에 원수가 되기도 하고, 돈 때문에 타인과 지기가 되어 끈끈한 인정을 나누며 살아가는 경우도 볼 수 있다.

    돈은 편하게 살기 위한 물질적 수단으로 꼭 필요하기에 없어서는 안 될 소중한 것이지만, 목적과 수단이 바뀌어서는 안 된다는 것쯤은 모두 알고 있을 것이다.

지금은 고인이 되었지만 한동네에 살던 구두쇠 어른 중에 이런 분이 계셨다. 그분은 평생을 농투성이로 살면서 여름 뙤약볕에서도 쉬지 않고 소처럼 일했다.

한 해 농사가 끝나면 남는 곡식을 이웃에 빌려주고 비싼 이자를 받았다. 게다가 먹고, 입고, 자식 공부시키는 것이 아까워 가족이 먹는 식사도 하루에 한 끼씩 굶기를 강요하면서 돈을 모았다.

세 자식에게는 열심히 일해서 계속 논밭을 사 모으는 것이 최고라고 가르쳤다. 공부는 글자만 알고, 자기 이름만 제대로 쓸 줄 알면 세상 살아가는 데는 아무 지장 없다고 입버릇처럼 말했다. 아버지의 뜻에 따라 자식들은 모두 국민학교만 마치고 밤낮없이 논밭에서 일만 했다.

어른은 녹슨 중고 자전거 한 대로 평생을 타고 다녔다. 그러다가 일흔이 채 못 된 나이에 원인 모를 병에 걸렸는데 암이라는 판정을 받았다. 가족의 말로는 당신이 살기 위해서는 당장 수술을 받아야 할 위급한 상황인데도 병원비가 아까워서 수술을 하지 않고 그냥 돌아가셨다고 한다.

돈이 필요한 것은 잘살기 위한 것이지 돈을 모으기 위해서 사는 것은 아니다. 돈에 대한 목적과 수단이 바뀌어, 어느 것이 더 중요한지를 모르는 사람은 참 어리석다고 할 수 있다. 돈이 아까워 자신의 목숨을 버리는 이런 사람을 두고 어떻게 이해해야 할지 답답하기만 하다.

중국 고전 《유하동집柳河東集》에 목숨보다 돈을 소중하게 여기다 죽은 사람의 이야기가 나온다.

영주 지방의 사람들은 모두 다 수영을 잘했다. 어느 날 강물이 갑자기 불어났다. 대여섯 사람이 나룻배를 저어 상강을 건너는데, 중간쯤 이르렀을 때 물결이 일어나 배가 뒤집히고 말았다. 모두들 강 언덕을 향해 헤엄쳐 갔다.

그런데 한 사나이가 전력을 다해 헤엄을 치는데도 앞으로 나아가지 못하고 있었다. 이상하게 여긴 친구들이 물었다.

"평소에는 수영을 제일 잘한다더니 왜 자꾸 뒤처지는가?"

그가 숨을 헐떡거리며 말했다.

"허리에 동전을 차고 있는데 너무 무거워 헤엄치기가 어려워 그러네."

"빨리 버려."

친구들이 안타까워 소리쳤다. 그러나 그는 대답을 하지 않고 고개만 저었다. 벌써 언덕으로 올라온 친구들이 큰 소리로 외쳤다.

"이 바보야, 돈에 눈이 멀었나? 물에 빠져 죽고 나면 돈이 무슨 소용이야."

그는 눈을 뒤집어 뜨고 여전히 고개를 저었다. 결국 물거품이 몇 번 이는가 싶더니 그만 빠져 죽고 말았다. 목숨보다 소중한 돈이라는 뜻의 애전망명愛錢忘命에 대한 고사성어가 여기서 나왔다.

우리 속담에 "천석꾼 천 가지 걱정, 만석꾼 만 가지 걱정"이라는 말이 있다. 산다는 것은 엄연한 현실이고 경제적인 영역이다. 평생을 살면서 돈에 대한 걱정이 없이 사는 사람이 얼마나 되겠느냐마는 돈에 대한 지나친 탐욕 때문에 패가망신한 경우는 가까운 이웃에서도 많이 볼 수 있다.

《삼국지》를 보면 천하 통일이라는 대업을 두고 조조와 유비, 손권은 서로 다른 점이 있다. 이 세 영웅을 돈과 결부시켜 보면 조조는 목적과 수단을 가리지 않는 비정함을, 유비는 손해를 보더라도 명분과 정도를 고집함을, 손권은 명분보다 실리를 좇음을 알 수 있을 것이다.

돈이 없으면 제아무리 잘나도 바보가 되는 세상이다. 오죽하면 "돈이 없으면 이름도 없다"는 말까지 생겨났을까? 돈이란 우리가 살아가는 데 필요한 것임을 누구도 부인할 수는 없다. 하지만 돈에 대해 지나친 욕망을 채우려고 하기보다는 살아가는 데 불편하지 않을 만큼 소유하면서, 개인의 욕망을 줄이는 데서 행복을 찾는 것이 바람직한 자세가 아닐까 하는 생각을 가져본다.

陳陳相因

진진상인

오래된 곡식이 곳간에 겹겹이 쌓인다

《사기史記》〈평준서平準書〉에 나오는 진진상인陳陳相因의 성어는 사마천이 한나라의 상황을 설명하는 말에서 나왔다.

한나라가 천하를 평정시켰으나 오랜 전쟁으로 국가 재정이 어려워졌고, 백성들의 생활은 몹시 궁핍했다. 개국 황제 고조 유방은 이러한 점을 정확하게 인식하여 여러 가지 정책을 실시했다. 특히 전쟁의 소용돌이 속에서 식량이나 기타 물건들을 매점매석買占賣惜하여 큰 이익을 챙긴 상인들에 대하여 여러 가지 제한을 가하였다.

예컨대 상인들은 비단옷을 입거나 말을 타서는 안 되며, 무기를 휴대하거나 관직에 나가는 것, 농민의 자녀를 사들여 노비로 부리는 것 등을 금지하고, 세금을 무겁게 매겨 상인들을 차별하고 그들을 비하하는 영을 내렸다. 그러나 이와 반대로 농민들에 대해서는 일련의 보호 정책을 추진하여 세금을 경감해주어 농업 생산이 증가하도록 하였다.

한고조가 죽은 후에 뒤를 이어 즉위한 문제文帝와 경제景帝 때에도 기존의 정책을 고수하여 농민들은 빈곤한 생활을 벗어나 점차 나은 생활을 할 수 있었다. 이 시기를 문경지치文景之治라고 부른다. 한무제 때에 이르자 한나라는 이미 강대국이 되었다. 태평성대를 이룬 시기를 치세가 이뤄졌다고 해서 치治라고 표현한다.

진진상인陳陳相因은 "오래된 곡식이 곳간에 겹겹이 쌓인다"는 뜻으로 세상이 잘 다스려져 곡식이나 물건이 풍부함을 이르는 말로 백성이 편안해야 좋은 나라임을 말하고 있다.

중국 최초의 태평성대는 요임금과 순임금이 바른 정치를 펼쳐 백성들이 평화롭게 살았던 시대였다. 사마천이 쓴 《사기》에 쓰인 이 시대에 대한 기록을 보자.

요임금은 20세에 왕위에 올라 덕으로 나라를 다스렸다. 요의 치세에는 가족들이 화합하고 백관의 직분이 공명정대하여 모든 제후국들이 화목했다.

하루는 요임금이 민정을 살피러 나갔는데 왕의 행렬에는 아랑곳없이 뽕잎 따기에만 열중하는 한 처녀의 모습이 너무나 아름다워 보여 친히 다가가니 그 처녀의 얼굴에 커다란 혹이 하나 달려 있었다. 요임금은 순간 실망했으나, 대화를 나누는 중에 그녀의 현명함에 끌려 그녀를 왕비로 삼았다. 왕비의 가마가 궁궐에 당도하자마자 왕비는 옷소매를 걸어올리고 수라간으로 들어갔다.

"나는 요임금의 아내다. 내 손으로 진지를 차려드리는 것이 도리라 생각하니 모두들 비켜라."

그녀는 정성껏 수라상을 준비한 다음에 사치스러운 수라간 궁녀들의 복장과 경박스러운 행동들을 지적했다.

"오늘부터 백성들보다 사치하는 자, 농어촌의 선량한 아낙네들보다 호의호식하거나 더 게으른 자는 절대 용서하지 않겠다. 백성들의 어버이이신 임금을 섬기는 자들이 백성들보다 예와 도리가 모자란다면 어떻게 임금께서 올바른 정치를 할 수 있단 말이냐?"

그날부터 나라의 질서와 도덕이 하루가 다르게 바로서고 꽃피기 시작했다고 한다.

요임금은 왕위에 오른 지 70년 가까이 지난 후 신하들에게 후계자를 찾아 추천할 것을 명했다. 신하들은 효성이 지극한 순을 추천했고, 요임금은 순에게 딸을 시집보내 그의 사람됨과 능력을 살폈으며, 이윽고 3년 후 순을 등용하여 임금의 자리를 물려주었다.

임금이 된 순은 백성들과 함께 부지런히 일하고 검소하게 생활해서 많은 칭송을 받았다. 수십 년 뒤 요임금이 세상을 떠나자, 순은 임금 자리를 요의 아들인 단주에게 넘겨주려고 하였으나 주변 사람들이 모두 반대했다. 그때부터 순은 정식으로 임금이 되었다.

요순시대는 백성들의 생활은 풍요롭고 여유로워 임금의 존재까지도 잊고 '격양가擊壤歌'를 부르는 세상이었다. 정치는 최고의 도덕을 갖춘 사람을 임금으로 추대하는 방식이었다.

日出而作 일출이작 해뜨면 일하고

日入而息 일입이식   해지면 쉬고

鑿井而飮 착정이음 우물 파서 마시고

耕田而食 경전이식 밭을 갈아 먹으니

帝力于我何有哉 제력우아하유재 임금의 덕이 내게 무슨 소용이 있으랴.

-격양가 전문

21세기 한국 사회를 힘들게 하는 많은 문제는 하루아침에 쉽게 해결될 것이 아니지만 강자는 약자를 우선 배려하고, 국가는 정의가 살아 있는 풍토를 빨리 정착시켜 국민들이 편안하게 살 수 있는 나라가 되어야 한다.

五十步笑百步

오십보소백보

오십 보 달아난 사람이 백 보 달아난 사람을 비웃는다

《맹자孟子》〈양혜왕〉 상편에는 "오십 보 달아난 사람이 백 보 달아난 사람을 비웃는다"(五十步笑百步)는 고사성어가 나온다. 이는 잘못한 크기만 다를 뿐 잘못한 차이는 같다는 뜻이다.

맹자를 만난 양혜왕은 자신이 이웃 나라 군주보다 정치를 잘하는데 왜 이웃 나라의 백성이 자기의 나라로 오지 않는지를 궁금해했다. 그러자 맹자는 부강한 나라를 만들려고 자주 전쟁터로 백성을 내몰았던 양혜왕에게 전쟁에서 후퇴한 병사의 이야기를 전했다.

먼저 양혜왕이 맹자에게 말했다.

"나는 나라를 위해 온 마음을 다 쏟고 있다고 생각하오. 하내에 흉년이 들면 하내의 백성을 하동으로 이주시키고, 하동의 양식을 하내로 보내 이주하지 못하는 사람들을 구휼합니다. 하동에 흉년이 들 때도 그와 같이 합니다. 내가 보기에 이웃 나라의 어떤 군주도 나처럼 온 마음으로 백성을 아끼는 이는 없습니다. 그런데도 이웃 나라의 백성이 줄지도 않고, 나의 백성이 늘지도 않으니 이것은 무슨 까닭입니까?"

그 말을 들은 맹자가 대답했다.

"임금님께서 전쟁에 관심이 많으시니 전쟁으로 비유하겠습니다. 전쟁을 시작하는 북소리가 울려 칼과 칼이 맞부딪치자 일부 병사들이 겁이 나서 도망을 갔습니다. 그렇게 어떤 사람은 백 보 달아나고, 어떤 사람은 오십 보를 달아났습니다. 이때 오십 보 달아난 사람이 백 보를 달아난 사람을 보고 비겁한 사람이라고 비웃는다면 어떻겠습니까?"

혜왕이 말했다.

"당연히 비웃어서는 안 되지요. 백 보를 달아난 것은 아니지만 똑같이 달아나지 않았습니까?"

맹자가 말했다.

"임금께서 이 이치를 알고 계신다면 어떻게 이웃 나라보다 백성이 많아지기를 바라십니까?"

맹자의 말은 양나라 혜왕이 이웃 나라의 왕보다 정치를 잘한다고 생각하지만, 백성을 조금 덜 착취했을지는 몰라도 둘 다 백성을 못살게 한다는 점에서는 별 차이가 없다는 것이다. 이는 근본적으로 왕은 백성을 위한 정치를 해야 한다는 점을 강조하고 있다.

과거나 지금이나 잊을 만하면 정치인과 관료들의 비리가 터져 나온다. 그 속에서 남보다 적게 연루되었다고 자신의 잘못을 축소하려는 사람은 맹자의 이야기를 듣고 깊이 반성해야 한다. 적게 뇌물을 먹었든 많이 먹었든 결국 마찬가지이기 때문이다. 오십 보 도망간 것이나 백 보 도망간 것이나 전쟁에서 달아난 것은 결국 같은 것이다.

자신에게 부여된 책임을 남에게 전가하고, 남의 잘못은 과장하고 헐뜯고, 자신의 잘못은 축소 은폐하려는 것이 당연시되어 버린 지금의 현실에서 맹자의 이야기에 귀를 바짝 기울여야 한다. 우리가 후손에게 자랑스럽게 물려주어야 할 소중한 유산은 깨끗한 사회를 만드는 것이다.

七步之才

칠보지재

일곱 걸음 옮기는 사이에 시를 짓다

《삼국지》를 읽다 보면 권력투쟁에 대한 일들이 수없이 나온다. 그중에서도 위나라의 조조가 맏아들 조비를 두고 셋째 아들 조식을 후계자로 삼으려다 신하들의 반대로 뜻을 이루지 못하게 되고, 이후 문제文帝가 된 조비는 동생인 조식을 없애려는 구실을 만든다. 어느 나라든 권력의 승계를 둘러싸고 벌어지는 투쟁은 치열하다 못해 결국에는 피를 낳는다.

삼부자는 삼조三曹라 불릴 정도로 뛰어난 시인이었다. 건안建安 문학의 융성을 가져왔을 정도로 시문을 애호하여 우수한 작품을 많이 남긴 조조, 그 영향을 받아서인지 맏아들 조비와 셋째 아들인 조식도 글재주가 뛰어났다. 특히 조식의 시재詩才는 당대의 대가들로부터 칭송이 자자했다. 그래서 조조는 조식을 더 총애하게 되었으며, 한때 조비를 제쳐놓고 조식으로 하여금 후사를 잇게 할 생각까지 했었다.

조식의 글재주 때문에 아버지인 조조에게 설움을 받았던 조비는 천자天子의 제위에 오르자 후사 문제까지 불리하게 돌아간 적도 있었고, 이에 대한 증오심으로 경쟁자에 대한 보복을 시행했다. 아우 조식에게도 예외는 없었다.

조비는 마지막 선심을 베푸는 대가로, 조식에게 일곱 걸음 안에 시를 지으면 살려주고 그렇지 못한다면 죽이겠다고 겁박을 했다.

"일곱 걸음을 옮기는 사이에 시를 짓도록 하라. 짓지 못할 땐 중벌을 면치 못할 것이니라."

이에 조식은 즉석에서 시를 지었다. 이때 지은 시가 칠보시七步詩이다. 여기서 "일곱 걸음을 옮기는 사이에 시를 지을 수 있는 재주"라는 뜻으로 칠보지재七步之才라는 고사성어가 생겼다. 이후 아주 뛰어난 글재주를 이르는 말로 사용하게 되었다. 아마 권력투쟁 때문에 생긴 형제간의 비극을 이렇게 절실하게 남긴 칠보시는 앞으로도 보기 드물 것 같다.

煮豆燃豆其 자두연두기 콩을 삶는데 콩대를 때니
豆在釜中泣 두재부중읍 콩은 솥 속에서 울고 있네
本是同根生 본시동근생 본디 같은 뿌리에서 났으면서
相煎何太急 상전하태급 들볶기가 어찌 저리 심할까

조비는 칠보시를 듣자 얼굴을 붉히며 부끄러워했다고 한다.

결국 조식은 살아남아 말년에 진왕陳王에 봉해졌고, 시호가 사왕思王이었으므로 진사왕이라 불리기도 했다. 무제 조조의 사랑을 많이 받았으나, 조비가 천자가 된 후에는 늘 경계의 대상이 되어 불우한 날을 보냈다고 한다. 몇 줄 되지 않는 조식의 명문은 골육상쟁이 빚은 시로《고문진보》에 남아 전해지며, 조식이 남긴《조자건집》10권에도 전하고 있다.

어느 시대나 권력을 서로 탐하려는 투쟁은 끊임없이 이어져 왔으며, 지금도 유효하다고 본다. 권력은 핏줄도 인정사정없다. 그래서 "현명한 사람은 정치를 하지 않는다"는 말이 생겨났는지도 모르겠다.

種樹郭橐駝傳

종수곽탁타전

나무 심는 법을 정치로 옮기면 백성을 기를 수 있다

인근 송라 보경사에 다녀왔다. 몸 상태만 좋았더라면 내연산 정상에 올라 절정인 풍경에 취할 수 있었을 테지만 그러지 못하고, 보경사를 품에 안고 수채화처럼 펼쳐진 산을 응시하며 동동주 한잔과 칼국수로 깊어가는 가을 정취를 대신했다.

붉게 타는 석양에 취해 쌀쌀한 날씨에 아랑곳하지 않고 바깥바람을 쐬었더니 늦은 밤에 기침이 심해져 잠을 제대로 이룰 수 없었다. 그래서 몇 년 전에 공부했던 '옛글 가운데 참된 보물만 모아둔 책'이라는 의미를 가진 《고문진보古文眞寶》를 꺼내보는 기회로 삼았다.

《고문진보》는 명나라 때 민간에 많이 보급되었으나 청나라 때 종적을 감췄다고 하나 한국과 일본에서는 계속 많이 읽혔다고 전해진다. 중국의 좋은 시와 좋은 문장을 송나라 때 황견黃堅이 엮은 책으로 전집에서는 명시를, 후집에서는 명문장을 담고 있는 당송시대의 대문호들이 쓴 글이 많다. 그중에 당송팔대가 유종원의《종수곽탁타전種樹郭橐駝傳》은 우리 모두에게 많은 것을 생각하게 한다. 여기 그 글을 짧게 옮겨본다.

곽탁타는 처음 이름이 무엇이었는지 알려지지 않았지만, 곱사등이여서 혹이 솟아나 허리를 구부리고 다니니 낙타와 비슷하였다. 따라서 마을 사람들이 그를 낙타라고 불렀는데, 그는 그 소리를 듣고, "참 좋다, 나에게 꼭 알맞은 이름이구나!" 하며 자신의 이름을 버리고, 스스로 낙타라 불렀다. 낙타가 사는 마을 이름은 풍악이니, 그곳은 장안의 서쪽이다. 낙타는 나무 심는 것이 본업이니, 장안의 권세 높은 양반들과 부자들 중에 나무를 완성하거나 과일을 사려는 사람은 모두 앞다투어 그를 맞아들여 돌보게 하였다.

탁타가 나무를 가꾸거나 혹은 옮겨 심으면 죽는 일이 없으며 언제나 잎이 무성하고, 다른 나무보다 일찍 열매를 맺고 또 많았다. 다른 사람이 가만히 엿보아 배워서 그대로 해 보곤 했지만, [탁타가 가꾸는 것과는] 같지 않았다. 어떤 사람이 그 이유를 물으니, [탁타는] 이렇게 대답하였다.

"내가 나무를 오래 살게 하고 잘 자라게 하는 것이 아닙니다. 나무가 지닌 본성을 거스르지 않고, 그의 본성을 다하도록 돌보아줄 뿐입니다.

나무의 본성이란 뿌리는 바르게 뻗으려 하고, 북돋움은 고르길 바라고, 그 흙은 옛것이고 싶어 하고, 뿌리 사이를 꼭꼭 다져주기를 바랍니다. 이런 다음에는 건드리지 않고 걱정하지 말며 더 이상 돌아보지 않고 내버려두어, 처음 심을 때는 자식과 같으나 심은 다음에는 아주 내버린 것처럼 하면, 나무의 본성이 온전히 보존되어 그 본성에 따라 잘 자라는 것입니다. 그러므로 나는 나무의 성장을 해치지 않을 뿐이지, 나무를 크고 무성하게 하는 재능이 있는 것이 아니며, 열매를 맺는 것을 억눌러 손상시키지 않을 뿐이지, 일찍 맺게 하고 많이 맺게 하는 것은 아닙니다. (중략) 나는 그같이 하지 않을 뿐이니, 내게 무슨 능력이 있겠습니까?"

물었던 사람이 말하였다.

"그대의 나무 가꾸는 법을 [백성을] 다스리는 데 이용하면 좋지 않을까요?"

탁타가 대답하였다.

"나는 나무 가꾸는 법만 알 뿐이요, 다스리는 일은 제 일이 아닙니다. 그런데 제가 고향에 있으면서 번거롭게 명을 내리기를 좋아하는 수령을 보았습니다. 그는 백성을 가엽게 여겼으나 결과적으로는 화가 되었습니다…."

"나무 가꾸는 법을 물었다가 사람 돌보는 법을 터득하게 되었습니다. 이 일을 후세에 전하여, 관리들이 지켜야 할 계칙으로 삼고자 합니다."

유종원의 명문장에서 보듯이 나무의 생장을 제대로 돕는 것은 타고난 나무의 본성을 그르치지 않는 것이다. 이와 마찬가지로 스승의 역할도 자기가 가르치는 학생들의 타고난 재능을 제대로 끄집어내 북돋워주며, 학생들이 말에 오르기 쉽게 받치는 노둣돌의 역할만 하면 되는 것이다. 자녀를 둔 부모도 매한가지다. 아이의 개성을 살려 자연스럽게 커 가도록 도와주면 될 일을 지나친 과잉보호로 학교생활에서나 또래의 문화에서 소외시켜 오히려 잘못되게 만드는 것이다.

나라를 다스리는 법 또한 다르지 않다고 본다. 자신을 다스리는 법이나 타인을 다스리는 법이 다르지 않듯이, 인간의 타고난 선한 본성을 북돋워 국민이 스스로 지도자를 따르도록 하는 정치를 하면 되는 것이다.

인위적인 힘에 의한 정치보다 세상의 이치로 교화하는 자연스런 인성에 의해 다스릴 때 국민을 위한 나라가 저절로 이루어진다면 너무 현실을 모르는 사람이라고 할지 모르겠지만, 인간도 자연의 일부로서 물과 같은 심성을 지니고 있다고 본다. 물은 누구의 말에도 집착하지 않으면서도 모든 사람의 말을 들으면서 흘러간다.

물과 같이 흐르는 인간의 심성을 빨리 귀담아들을 수 있어야 유능한 지도자라고 할 수 있다. 지도자가 거짓과 이기심이 있으면 국민과의 신의를 성립할 수 없다. 지도자는 국민을 위해 진심으로 봉사하는 열정과 책임감, 국정에 대한 균형 있는 판단력이 있어야 한다. 국민들 또한 자신의 품위를 지키고 나라의 가치를 높이겠다는 열정을 가지고 각자 맡은 바 임무에 충실해야 한다.

　그동안 우리나라를 이끌어온 지도자들은 권력을 정당하게 얻지 않고 무력으로 빼앗았으니 도덕과 양심을 국민에게 호소할 수 없었고, 엄격한 제도나 가혹한 법률로써 국민을 다스릴 수밖에 없었다.

　이제는 우리나라에서도 정원사 곽탁타와 같이 국민의 본성을 다독여 줄 수 있는 존경받는 지도자가 나와야 할 때라고 본다. 아울러 모든 사람들이 정원사 곽탁타 이야기를 통해 어떤 일을 대함에 너무 조급해하거나, 지나치게 넘치지 않는 세상을 사는 지혜를 배운다면 삶은 보다 윤택해질 것이다.

無恒產無恒心

무항산무항심

생업이 없으면 떳떳한 마음도 없다

한자사전에는 무항산무항심無恒產無恒心을 "일정한 생업이나 재산이 없으면 올바른 마음가짐도 없어짐"으로 풀이하고 있다. 일정한 생산이 없으면 일정한 마음도 없다. 생계를 유지할 일정한 바탕이 없으면 방종하거나 방황하게 된다는 이 말은 의식주의 중요성을 말한다.

'무항산무항심'의 고사는 《맹자》〈등문공滕文公〉 편에 나오는데, 등문공은 전국시대 등나라의 명군이었다. 등문공이 태자로 있을 때 송나라에서 맹자를 만났는데, 맹자가 그를 위해 가르침을 베풀었다고 한다.

맹자는 만년을 고향 추나라에 와서 보냈는데, 가까이 있는 소국 등나라의 문공이 맹자를 국정의 고문으로 초빙해 나라 살림에 대해 물었다.

이에 맹자가 말했다.

"백성들이 사는 방도는 떳떳한 생업이 있으면 떳떳한 마음이 있고, 떳떳한 생업이 없으면 떳떳한 마음이 없습니다. 진실로 떳떳한 마음이 없으면 방탕, 편벽, 사악, 사치 등 못하는 짓이 없습니다. 죄에 빠진 다음에 따라가서 형벌을 가한다면 이것은 백성을 속이는 것입니다." (無恒産而有恒心者, 唯士爲能. 若民則無恒産, 因無恒心. 苟無恒心, 放僻邪侈, 無不爲已. 及陷於罪然後, 從而刑之, 是罔民也)

살다 보면 경제적인 어려움을 만날 때가 많다. "왕년에는 잘나갔는데 때늦게 죽을 맛이다."라고 하소연하는 사람들은 '항산'이 없어져 '항심'을 잃게 된 경우다. 맹자의 무항산무항심 고사를 통해 우리는 생업을 통해 물질적인 바탕이 우선이 되어야 정신적인 것도 온전할 수 있다는 점을 알 수 있다.

우리의 삶은 일을 통해 완성된다고 한다. 사람들은 일을 하기 위해 직업을 가지게 되며, 그 직업을 통해 생산적인 활동을 하게 되고 경제적인 소득을 얻는다. 그렇다면 우리의 삶에서 직업은 어떠한 의미를 지니고 있을까?

우선, 사람은 직업을 통해 생계를 유지한다. 소수의 예외적인 경우를 제외하고 대다수의 사람은 일을 통해 얻은 소득으로 생계를 유지해 나간다. 또한 직업을 통해 자아를 실현한다. 사람들은 서로 다른 능력과 적성을 가지고 태어난다. 직업은 그러한 개인의 적성과 능력을 발현하는 장이 된다. 예를 들면, 미술적 재능을 타고난 사람은 미술과 관련된 직업을 통해 자신의 능력을 발휘하며 자아를 실현해 나갈 수 있다. 결과적으로 사람들은 직업을 통해 자기의 존재에 대한 의의를 깨닫고 실현해 나간다는 말이다.

우리는 직업을 통해 사회에 참여하고, 사회 발전에 기여하게 된다. 인간은 사회적 동물이다. 즉, 인간은 태어나서 죽을 때까지 필연적으로 사회에 속해 있다. 특히 생계를 유지하기 위해서는 사회에 소속되어 일정한 역할을 분담하고, 각자의 역할을 충실히 수행할 때에만 사회는 유지되고 발전할 수 있다. 각종 민속 전통 예술인들이 경제적으로 커다란 대가가 없음에도 불구하고, 민족의 전통을 이어나가기 위하여 고집스럽게 종사하고 있는 모습 또한 직업을 통한 사회 기여의 단적인 예이다.

사회는 어느 한 분야만 발달해서는 정상적으로 지탱되기 어렵다. 따라서 아무리 사소한 영역이라 할지라도 사회 전체로 보면 대단한 가치가 있는 것이다. 이처럼 직업은 개인적인 차원뿐만 아니라 사회적인 차원에서도 중요한 의미를 지닌다. 그러나 오늘날 지나친 분업화와 기계화로 인해 직업을 통한 자아실현의 의미가 퇴색되고 있다. 또 직업이 지니는 사회적 공헌의 의미를 망각하고 단순히 부의 획득과 자기 과시를 위한 수단에 불과한 것으로 잘못 생각해 직업의 귀천을 따지기도 한다.

외국 속담에 "천한 직업은 없다. 다만 천한 사람들이 있을 뿐이다"라는 말이 있다. 우리 사회의 직업에 대한 귀천 의식은 바로 천한 사람들의 생각일 뿐이다.

上善若水 _{상선약수}

최고의 선은 물과 같다

정치政治란 인간을 다스리는 일이다. 서양에서는 정치를 인간 개개인이 이성적으로 합의한 어떤 사회적 계약에 의해 가능하다고 생각했다. 홉스가 말한 "만인에 의한 만인의 투쟁 상태"인 자연 상태에서는 무엇이 옳고 그른가를 가르는 기준과 사람들 사이에서 일어나는 분쟁을 판정해 주어야 할 공통적인 척도로서 인정된 법이 없다.

또한 하나의 확립된 법률에 따라서 일체의 싸움을 판정할 수 있는 권위를 가진 공정한 재판관이 없다. 그리고 올바른 판결이 내려지는 경우라도 이것을 지원해주고 집행할 수 있는 권력(힘)이 없다.

인간의 자연 상태를 포함한 모든 자연 상태는 동물적인 본능의 상태, 야만성 그 자체이기 때문에 개인의 신체와 재산을 보호하기 위해서는 이성적인 상태에 의해 형성된 사회계약이 필요하며 이 계약을 실행하는 시민정부가 필요하다는 것이 존 로크의 '시민정부론', 루소의 '사회계약설'이다.

국가는 보는 관점에 따라, 개인이 국가(사회)보다 중요하며 국가 위에 있다고 보는 로크의 사회계약설, 개인은 국가(생명체)의 세포와 같으므로 국가가 더 우위에 있으며 중요하다고 보는 헤겔의 국가유기체설로 나눌 수 있다.

사회계약설은 국가를 위해 희생하지 않고 지나친 개인주의를 취함으로써 개인에게는 도움이 되지만 국가에는 오히려 해가 된다. 반면에 국가유기체설은 국가를 우위에 두기 때문에 전체주의로 빠지기 쉽다. 단적인 예로 독일의 나치즘, 일본의 군국주의를 들 수 있을 것이다. 결국 개인과 국가의 관계는 상보적이어야 한다. 개인이 잘 살아도 국가가 못 살면 멸시를 받는 것이 국제사회다.

그렇다면 과연 사회는 인간의 이성으로 만들어진 제도와 법률의 힘으로 다스려지는가. 인간의 사회적 합의와 계약이 인간의 삶의 모든 영역과 부분을 통제할 수 있는가. 만약 인간의 모든 삶을 사회계약의 틀에서 통제하고 제약해야만 그 사회가 안정적으로 유지될 수 있다면, 도대체 얼마나 많은 계약이라야 가능하겠는가?

오늘날의 현실을 보면 과거보다 법률이 더욱 강화되고 체계화되어 정밀해졌는데도 불구하고 흉악 범죄가 줄지 않고 오히려 늘어가는 추세에 있으며, 사회의 양심과 도덕은 날이 갈수록 타락해 간다. 이를 볼 때 인간은 외부의 물리적인 힘만으로 결코 다스려지지 않음을 알 수 있다.

동양의 전통적 사유세계에서는 맹자의 성선설에 바탕을 두고 인간은 인간, 그 스스로의 타고난 선한 본성을 북돋움으로써 다스려진다고 보았다. 공자가 말한 '덕치德治'나 장자의 '무위치지無爲治之'(인위적으로 하지 않는 다스림)의 사상이 그러하다.

또한 "최고의 선은 물과 같다"는 노자의 '정치관'이자 '도道관'이라고 할 수 있는 상선약수上善若水의 철학처럼 물이 낮은 데로 흐르듯이 자연스러운 본성에 의거해야 한다는 것이지, 국가가 인위적으로 법을 많이 만들어서 백성을 힘들게 하는 것은 옳지 않다는 것이다.

노자가 《도덕경》에서 "작위함이 없는 정치를 하면 다스려지지 않는 것이 없게 된다."고 말한 것 역시 선한 본성을 북돋우는 정치여야 하며 덕으로 다스려야 한다는 말로 제도와 법은 그다음에 있다는 것이다.

나라를 다스리는 사람은 모든 사람에게 추앙을 받는 사람으로 도덕군자라야 하며, 마을을 다스리는 이는 마을의 백성들이 따르는 어른이어야 하며, 집안을 다스리는 이는 식구들이 두루 모시기를 주저하지 않는 사람이어야 한다는 것이다.

만약 지아비로서 식구들의 흠모와 존경을 받지 못하면 지아비의 역할을 하지 못하고 있으므로 실제로 집에 없는 것과 마찬가지다. 그렇게 되면 식구들이 반항을 하게 되고 집안이 어지러워진다. 이때 회초리와 몽

둥이로 집안 식구들을 다스린다고 해도 다스려지지 않는다. 노자와 장자가 '인위적인 힘'으로 정치를 하지 말라고 함은 이를 두고 한 말이다.

나를 다스리는 이치나 사람을 다스리는 이치, 나라를 다스리는 이치는 모두 하나다. 인간의 다스림은 바로 인간 내부의 본성에 의해 이루어지는 것이다.

제 2 장

지 혜 를 얻 는 즐 거 움

尾生之信

미생지신

미생의 믿음

미생지신尾生之信이란 말은 《사기》와 《장자莊子》에 나오는 말로, 글자 대로 풀이하면 '미생의 믿음'이란 뜻으로 두 가지 의미가 있다. 하나는 '약속을 굳게 지킴'을 비유하며, 또 하나는 '고지식하여 융통성이 없음'을 비유한다. 똑같은 말을 두고 이렇듯 뜻을 달리하는 것은 가치 기준의 차이에서 나온 것이라 할 수 있다.

춘추시대, 노魯나라에 미생이라는 사람이 있었다. 그는 어떤 일이 있더라도 약속을 어기는 법이 없는 사나이였다.

어느 날, 미생은 애인과 다리 밑에서 만나기로 약속했다. 그는 정시에 약속 장소에 나갔으나 웬일인지 그녀는 나타나지 않았다. 미생이 계속 그녀를 기다리고 있는데 갑자기 장대비가 쏟아져 개울물이 불어나기 시작했다. 그러나 미생은 약속 장소를 떠나지 않고 기다리다가 결국 교각을 끌어안은 채 익사하고 말았다.

전국시대에 종횡가로 유명한 소진蘇秦은 연燕나라 소왕紹王에게 설파할 때 신의 있는 사나이의 본보기로 미생의 이야기를 들었다. 그러나 같은 전국시대를 살다간 장자莊子의 견해는 그와 반대로 부정적이었다. 장자는 유명한 도둑 도척盜蹠의 입을 통해 미생을 이렇게 평가하고 있다.

"이런 인간은 책형당한 개나 물에 떠내려간 돼지 아니면 쪽박을 들고 빌어먹는 거지와 마찬가지다. 쓸데없는 명목에 구애되어 소중한 목숨을 소홀히 하는 인간은 진정한 삶의 길을 모르는 놈이다."

사람들은 누구나 각자 나름대로의 삶의 방식으로 살아간다. 미생의 고사를 두고서도 견해가 분분할 것이다. 어떤 이는 소진의 말에 동의할 것이고, 어떤 이는 장자의 말에 수긍할 것이다.

현대를 살아가는 우리의 삶도 '미생지신'의 고사와 같이 어느 한쪽의 삶을 선택할 수밖에 없다. 만일 누가 나에게 "소진과 장자의 말 중에서 어느 쪽을 따를 것인가?" 하고 질문한다면 잠시의 망설임은 있겠지만, 나는 소진의 말을 따를 것이라는 생각을 해 본다. 비록 고지식하여 융통성이 없다는 소리를 들을지라도 신의를 지키며 살고 싶기 때문이다.

믿음에 대한 이야기에서 빠져서는 안 되는 고사 중에 《한비자韓非子》에 나오는 '증자曾子의 자녀 교육' 일화가 있다. 하루 세 가지를 반성한다는 증자는 늘 믿음을 지켰는지 되돌아봤다.

하루는 증자의 아내가 시장을 가는데 아이가 울면서 따라오자 무심코 "집에 가서 기다리고 있어라. 내가 돌아와서 돼지를 잡아주마."라고 말했다. 아내가 시장에서 돌아와 보니 증자가 돼지를 잡으려 하고 있었다. 깜짝 놀란 아내가 "어린아이를 달래기 위해 그런 말을 했을 뿐인데 정말 돼지를 잡으면 어떻게 해요?"라며 만류했다.

그러나 증자는 "거짓말로 어린아이를 속이는 것은 어린아이에게 속임수를 가르치는 것이요. 어머니가 자식을 속이면 자식이 어머니를 믿지 않을 것이요."라며 기어코 돼지를 잡아서 삶았다.

우스갯소리로 친구들과 만나면 "약속은 깨기 위해 있는 것이다"라는 말을 자주 한다. 하지만 약속은 서로 간의 신뢰에서 나오는 소중한 것이다.

부귀와 입신출세, 눈앞에 보이는 사소한 이익을 위해서 국민들과 한 약속도 순간순간 말 바꾸기 하는 소인배들이 들끓는 요즘 세태에도 미생과 증자와 같이 믿음과 원칙을 중시하는 사람이 있다. 믿음으로 인해 세상이 유지되고, 아름다워지고 있다는 것을 몸소 보여줄 사람이 많이 나오기를 바랄 뿐이다.

不龜手之藥

불균수지약

손 트지 않게 하는 약

사람이나 사물은 처음부터 일정한 용도가 정해져 있는 것은 아니다. 어디에 어떻게 사용하느냐의 쓰임에 따라 달라진다. 그런데도 사람들은 고정관념에 사로잡혀 대상을 평가하거나, 사물의 용도가 정해진 것으로 생각하는 어리석음에 빠지기도 한다.

《장자莊子》의 《소요유逍遙遊》에 보면 '손 트지 않게 하는 약不龜手之藥'에 대한 이야기가 나온다.

송나라에 손발이 트는 것을 막는 약을 만드는 사람이 있었다. 이 약을 바르면 동상에 걸려 트는 것을 막을 수 있기 때문에 그 집안은 대대로 무명을 세탁하며 살아왔다.

어떤 과객이 소문을 듣고 찾아와 백 냥에 그 비방을 팔라고 간청했다. 주인은 식구들을 모아 놓고 이렇게 말했다.

"우리 집안은 세탁하는 일로 몇 대를 살아왔지만 아무리 애써도 몇 푼 벌지 못했는데, 지금 비방을 사려는 사람 덕분에 한꺼번에 백 냥을 벌 수 있다. 파는 게 어떻겠느냐?"

모두들 지긋지긋한 세탁 일에서 잠시나마 벗어난다고 좋아하면서 어서 팔자고 했다.

그 과객은 비방을 사서 오나라 왕에게 가서 그 약의 효험을 설명했다.

오래지 않아 월나라가 오나라로 쳐들어왔다. 오나라 왕은 그 과객을 장수로 임명한 후 수군을 통솔하여 적을 물리치도록 했다.

때는 찬바람이 부는 추운 겨울로, 두 나라 군사는 양자강 유역에서 수전을 벌이고 있었다. 오나라 군사는 약을 바르고 있었기 때문에 손발이 얼거나 트지 않아 모두 원기 왕성했지만, 손발이 얼고 갈라져 사기가 떨어진 월나라 군사들은 싸움을 제대로 못해 대패했다.

오나라 왕은 아주 기뻐하며 대승을 거두고 돌아온 장수에게 많은 땅을 나누어 주고 오나라의 대부로 봉하였다.

장자는 이 이야기를 하면서 "똑같은 손 트지 않게 하는 약인데 누구는 그것을 가지고 대부가 되고, 누구는 평생 세탁 일을 못 벗어났다. 이것은 동일한 물건이라도 누구에 의해 사용되는가에 따라 그 가치가 달라지는 것이 아니냐?"고 말한다.

우리 집에서도 나와 아내 사이에 가끔씩 이런 일이 생긴다. 나는 식사가 끝나면 먹고 난 밥그릇에다 식수를 부어 마신다. 그럴 때마다 아내는 물컵이 있는데 왜 밥그릇에다 물을 부어 마시느냐고 나무란다. 그럴 때마다 물컵이나 밥그릇이 따로 정해진 용도가 있느냐, 상황에 맞게 편하게 쓰면 되지 그게 무슨 대수냐고 말하지만, 아내는 그런 내 행동에 늘 불만이다.

내가 어렸을 때는 한집에 삼촌과 고모가 같이 살았다. 식구가 열 명이 넘는 대식구이고 보니 그릇이 부족해서 어떤 때는 어머니께서 물 퍼는 바가지에다 밥을 담아 먹은 적도 있었다. 어릴 때보다 나이가 들어갈수록 고정관념에 빠져 있는 경우가 많다. 기존의 시각을 조금만 다르게 본다면 얼마든지 새로운 가치를 찾아낼 수 있는데도 과거의 기준을 고집하는 경우를 왕왕 본다.

'손 트지 않게 하는 약'으로 대부가 된 사람이 있는가 하면, 세탁 일을 하며 살아가는 사람이 있는 것은 동일한 물건을 가지고서도 쓰임이 달랐기 때문이다. 산에 있는 나무 중에도 곧은 나무는 집을 짓거나 다리를 놓는 재목에, 굽은 나무는 산을 지키면서 주어진 역할을 다한다. 우리가 아무 곳에도 쓸모가 없다고 하는 것이라도 분명 어딘가에는 반드시 쓸모가 있고, 그 쓰임새는 쓰기에 따라 달라질 수 있는 것이다.

사람도 마찬가지다. 밥그릇은 꼭 밥만 담아 먹어야 하는 도구일까? 왜 물을 부어 마시면 안 되는 것인가? 우유를 유리컵이 아닌 커피 잔에 담아 마시면 왜 안 되나? 나이가 들수록 기존의 가치에 얽매이기보다는 사소한 것에서 새로운 가치에 적용하거나 나름의 가치를 생산할 수 있어야 생존경쟁에서 뒤지지 않고 살아갈 수 있을 것이다.

사물이나 사람의 가치는 모두가 다르기 때문에 어떤 쓰임으로 활용할 것인가에 따라 그 가치는 무용無用할 수도 있고 유용有用할 수도 있다. 똑같은 것을 두고 자신의 가치를 높일 것인가 아닌가는 기존의 가치를 어떻게 인식하고, 사고를 전환하는가에 달려 있다고 본다. 이는 전적으로 각자에게 주어진 몫이 아닐까.

蘆衣順母

노의순모

갈대꽃을 넣은 옷을 입고도 어머니에게 순종하다

공자의 삼천 제자 중 공자의 사상을 널리 알린 민손閔損은 자는 자건子騫으로 덕행에 뛰어난 사람으로 소문난 효자였다. 진晉나라에서 태어난 민손은 어렸을 때 어머니를 여의고 계모 밑에서 자라야 했다.

눈이 몹시 내리는 추운 겨울날 어린 민손은 아버지를 따라 먼 길을 가게 되었다. 아버지의 마차를 몰고 가던 민손은 몸이 얼어붙어 자주 말고삐를 놓쳤다. 아버지는 추위에 벌벌 떠는 민손이 못마땅하다는 듯 꾸짖었다. 민손은 아무 대꾸도 하지 않고 다만 속으로 생각할 따름이었다.

'어머니는 세 동생들에게만 솜옷을 지어 입히고 나에게는 갈대꽃을 넣은 옷을 주었으니 추울 수밖에…. 하지만 그런 사정을 아버지께 절대로 말해선 안 돼.'

민손은 입 밖으로 나오려는 말을 참으며 말에 채찍질을 계속했다. 그러나 뼛속까지 스며드는 추위 때문에 태연하려고 했지만 자신도 모르게 온몸을 떨었다. 마차 뒤에 타고 있던 아버지가 민손을 눈여겨보다가 아무래도 이상해서 옷을 한번 만져보고는 소스라치게 놀랐다.

민손의 아버지는 진작에 새로 얻은 아내가 자신이 낳은 자식만 잘 돌봐주고 민손에게는 정을 주지 않는다는 것을 알고 있었지만 이런 정도인지는 몰랐던 것이다. 화가 머리끝까지 난 아버지는 당장 집에 돌아가서 계모를 쫓아내려고 했다.

계모에게 당한 앙갚음을 하기 위해서는 아버지가 계모와 헤어지도록 둘 수도 있었다. 그러나 민손은 아버지의 옷고름을 잡으며 어머니와 헤어져서는 안 된다고 사정을 했다. 아버지는 의외라는 듯이 민손을 돌아보았다.

"만일 지금 어머니와 헤어지시면 당장 세 동생이 또 다른 계모 밑에서 구박받으며 울게 될 것입니다. 아버지, 세 동생까지 모두 가엽게 되느니 저 혼자 잘 참고 견디겠어요."

그 말을 들은 아버지는 괴로운 듯 신음을 내며, 민손이 하도 기특하여 눈시울을 붉혔다. 그 뒤 민손이 없는 틈을 타서 아내에게 그날 일을 들려주었다. 그러자 계모는 얼굴을 붉히며 고개를 숙였다.

다음 날부터 계모는 전에 없이 어진 어머니가 되어 자신이 낳은 세 아들보다 민손을 더욱 극진히 보살펴 주었다고 한다.

세상을 살아가다 보면 여러 가지 고난을 겪게 된다. 그러나 사람들은 작은 고난에도 참고 견디기 어려워한다. 공자의 제자 민손처럼 모든 것을 묵묵히 참아 내면 언젠가는 남을 제압할 수 있다. 반면에 참지 못하면 오히려 그 때문에 남에게 제압을 당할 수도 있다. 눈앞의 것만 보기 일쑤인 대부분의 사람들과는 달리 민손은 앞으로 일어날 일에 대해서도 미리 예측하고 있었던 것이다.

살아간다는 것은 크고 작은 고난을 참고 견디며, 필요한 순간에는 지혜를 발휘하는 일이다. 탈무드의 황금률 방법에서도 "성공의 절반은 인내"라고 말한다. 이 말은 인내의 중요성과 동시에 인내만으로는 성공할 수 없으며 인내와 더불어 현명한 지혜를 갖고 있어야 함을 뜻한다. 인내심과 지혜로 민손은 공자의 제자들 가운데에서도 가장 많이 사랑과 신뢰를 받으며 공자의 사상을 세상에 널리 알렸다.

민손의 일화를 통해 진정한 '효'가 무엇인지 다시 한번 생각하게 된다. 때로는 무지한 부모를 슬기롭게 깨우치는 것도 효이며, 매사에 진실한 마음으로 정성을 다하는 것도 효인 것이다.

"부모를 섬김에는 마땅히 뜻을 봉양할 것이요, 자식을 사랑함에는 편안한 대로 따라주지 말라."는 옛 성현의 말처럼, 물질적 봉양도 필요하지만 부모의 마음을 헤아려 걱정을 끼치지 않는 것이 진정한 자식의 도리이자 효가 아닐까. 아울러 제 자식 귀한 줄만 알고, 자신을 낳아 길러준 부모는 소홀히 하는 세태를 보며 민손의 슬기를 다시 생각하게 된다.

知者不言 _{지자불언}

知者不言

지자불언

지식인은 자기의 재능을 감추고 함부로 말하지 않는다

공자는 삼천 명의 제자를 두었다고 전한다. 제자들 중에는 여러 가지 재주를 가진 이들이 많았는데, 특히 자공子貢은 재산을 모으는 데 뛰어난 재주가 있어서 공자가 생활하는 데 대부분의 자금을 부담했다. 또 안회 顔回는 가난했지만 총명하여 공자의 사랑을 많이 받았다.

《논어論語》〈공야장公冶長〉 편에 보면 안회는 스승에게 인仁을 실천하고 있다는 칭찬을 듣는 유일한 제자였으며, 자공은 공자에게 종묘와 제사에 쓰이는 귀중한 그릇瑚璉과 같다는 칭찬을 들었지만 자신의 재주를 믿고 자만심이 강하여 지나침은 모자람만 못하다는 경계를 듣기도 했다.

하루는 공자가 자공에게 묻는다.

"너와 안회를 비교하면 누가 더 낫다고 생각하느냐?" (女與回也孰愈)

그러자 자공이 대답한다.

"제가 어찌 안회와 비교할 수 있겠습니까? 안회는 하나를 들으면 열을 알지만 저는 하나를 들으면 겨우 둘을 알 뿐입니다." (賜也何敢望回 回也聞一以知十 賜也聞一以知二)

그러자 공자는 자공이 자신을 잘 알고 있음을 칭찬했다.

"참으로 그렇다. 나는 네가 안회만 못하다고 인정하고 있다."

문일지십聞一知十의 고사는 여기에서 나왔다. 문일지십은 하나를 들으면 열을 미루어 안다는 뜻으로 지극히 총명함을 이르는 말로 쓰인다. 어떤 일에도 당당하고 자신이 있으며 말주변이 뛰어난 자공도 동문인 안회의 덕德과 지知에는 자신을 낮추는 것을 보면 자공도 보통 사람이 아닌 듯하다. 자공이 자신을 알고 안회의 현명함을 아는 것을 보고 공자는 이를 기특히 여겨 칭찬한 것이다.

대현여우大賢如愚란 말이 있다. 뛰어난 현인은 얼핏 보면 어리석어 보인다는 뜻으로 평범한 사람이 보았을 때 그들은 지극히 단순한 삶을 사는 것처럼 보인다.

안회와 자공은 공자의 제자 중에서 가장 뛰어났다. 자공은 뛰어난 외교관이면서 경제인이었다. 공자는 자공을 말 잘하는 사람이라고 평한 적도 있지만 항상 말이 앞설까 제자를 걱정하며 충고도 아끼지 않았다. 특히 공자는 안회를 아꼈는데 세상 사람들은 대부분 안회의 능력을 모르고 있었다. 안회는 평소에 말이 없고 앞장서서 사회 활동도 눈에 띄게 하지 않았기 때문이었다. 그러나 공자는 안회의 진면목을 모두 알고 있었다. 공자는 안회를 이렇게 평했다.

"내가 안회와 더불어 종일 말을 해도 그는 바보처럼 듣고만 있다. 그러나 나가서 행동하는 것을 보면 역시 바보는 아니다."

안회야말로 "지식인은 자기의 재능을 감추고 함부로 말하지 않는다"는 지자불언知者不言의 경지에 이른 사람이었다. 리처드 바크가 쓴 짧은 소설 《갈매기의 꿈》에 나오는 주인공 갈매기 조나단 리빙스턴이 절대다수의 갈매기들이 중요하게 여기는 먹이를 찾기보다는 좀 더 멀리 나는 것이 중요했던 것처럼, 안회는 현실에 안주해서 살기보다는 더 나은 삶을 살기 위해 끊임없이 자신의 인격을 수양하면서 학문에 매진한 대현大賢이었다.

우리는 말이 많은 시대에 살고 있다. 타인이 칭찬하고 인정해 주어야 올바른 일임에도, 자기 입으로 자기를 자랑하고 다니면서도 부끄러워할 줄 모르는 시대에 살고 있다. 자신을 한 인간으로 생각하기보다는 하나의 상품으로 생각하면서, 자신을 타인에게 스스로 내다 팔고 있는 것이다.

교언영색巧言令色으로 가득한 세상에서 현명하게 살아가기가 참 어려워지고 있다. 사람에게 치명적인 상처를 입히는 총칼도 급소만 맞지 않으면 시간이 흐르면 아물게 되고 일상적인 생활을 되찾을 수 있지만, 세치 혀인 말을 함부로 남용하면서 주는 상처는 결코 치유될 수 없다. 말로 입은 상처는 아물지 않고 끝까지 가슴속에 남아서 언젠가는 상처를 입힌 사람에게 복수의 칼날을 갈게 하는 것이다.

안다는 것은 단순히 머릿속에 지식을 많이 지니고 남에게 자랑하는 것이 아니라 지식을 통해 조금이라도 이웃의 어려움을 헤아리고 도움을 주는 의미 있는 행동을 하는 것이 아닐까 하는 생각을 가져본다.

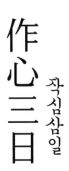

作心三日 작심삼일

굳게 먹은 마음이 사흘을 못 간다

　새해가 되거나 새로운 일을 시작할 때면 사람들은 나름 계획을 세우고, 이를 실천하기 위해 굳은 결심을 한다. 지난해의 미흡했던 일을 반성하고 더 나은 해를 만들기 위해 또는 사업의 성공을 위해 각오를 다지는 것이다. 지난 일이 설사 마음에 차지 않았더라도 우리의 삶은 늘 반전이 있기에 희망을 잃지 않는다. 그래서 늘 도전이 즐겁고 아름다운 것이다.

　《맹자孟子》의 〈등문공藤文公〉 편에는 '닭 도둑偸鷄賊'에 대한 이야기가 나온다.

　어떤 사람이 자기 집 마당에 돌아다니는 이웃집 닭을 하루에 한 마리씩 슬쩍했다. 그 사실을 안 어떤 사람이 진심 어린 충고를 했다.

"다시는 남의 닭을 훔치지 말게. 사람이 할 도리가 아니잖은가."

닭 도둑은 이 말을 듣고 잘못을 고쳐야겠다고 생각하고 충고한 사람에게 말했다.

"자네 말이 옳네. 나도 이제 잘못을 깊이 뉘우치고 고치려 하네. 그러나 도둑질에 인이 박혀 단번에 그만두는 것은 너무 힘이 드니 차차 줄이도록 하지. 예전에는 하루에 한 마리씩 훔쳤지만, 오늘부터는 한 달에 한 마리만 훔치겠네. 그럼 내년에는 도둑질을 그만둘 수 있을 것 같네."

닭 도둑의 말이 걸작이다. 훔치는 일이 나쁜 일인 줄 알았다면 도둑질을 그만두어야 하는데도 내년까지 한 마리씩 훔치다가 서서히 그만둔다는 것이다. 대부분의 사람들은 나쁜 버릇은 단숨에 고치기가 어렵기 때문에 차츰차츰 줄여서 없애는 것이 효과적이라고 생각한다. 하지만 말이 안 되는 논리다. 나쁜 습관이나 고쳐야 할 일은 생선 토막 자르듯이 단숨에 끊어야 한다.

새해가 되면 담배를 끊거나 과음을 하지 않기 위해 작심을 하다가 며칠을 넘기지 못하고 포기하는 경우를 자주 본다. 내 주변에도 담배를 끊기 위해 갖가지 방법을 동원해서 끊으려고 하다가 결국 한 달을 채 넘기지 못하고 본래 상태로 돌아가곤 하는 사람이 가끔 있다. 결심을 굳게 하고서도 이를 실행하지 못하고, 작심삼일作心三日이 되는 것은 닭 도둑과 마찬가지로 의지력이 약하기 때문이라고 생각한다.

학창 시절 멋으로 호기심으로 담배를 피우거나 술을 마시는 경우가 많다. 나이가 들어서 잘못 길들인 습관을 없애려고 하지만 생각보다 쉽지 않다. 정신적으로나 육체적으로 유연한 청소년 시기에 나쁜 습관을 들이지 않는 것이 중요하다. 나쁜 습관은 빨리 우리 몸에 길들지만 좋은 습관은 길들이기가 쉽지 않기 때문이다.

조선시대 거유巨儒 다산 정약용은 유배지에 있으면서도 편지를 써서 아들에게 부지런한 습관을 갖도록 훈계를 했다.

"오늘의 할 일을 내일로 미루지 말고, 아침에 할 일을 저녁으로 미루지 마라. 맑은 날에 해야 할 일을 비 오는 날까지 끌지 말고, 비 오는 날 해야 할 일을 맑은 날까지 끌지 말아야 한다."

작심삼일이 되지 않으려면 연초에 결심했던 일들이 제대로 이행되고 있는지 점검해 보는 것도 의지력을 재충전할 수 있는 한 가지 방법이다. 이 세상에는 해낼 수 없을 정도로 어려운 일은 없다고 한다. 의지를 가지고 지극한 정성으로 노력하면 아무리 어려운 일이라도 극복할 수 있고 목표에 도달할 수 있는 것이다. 자신의 의지를 믿고 좌절하지 않고 성실하게 살아가는 삶이야말로 성공의 지름길이라고 본다.

"하루의 계책은 새벽녘에 있고, 한 해의 계책은 봄에 있다"는 말처럼, 봄에 씨 뿌리지 않으면 가을에 할 일이 없다는 것을 잊지 않고 사는 삶이야말로 지혜롭게 세상을 사는 방법일 것이다.

一寸光陰不可輕

일촌광음불가경

짧은 시간도 가벼이 여기지 마라

오래전에 읽은 책 속에 이런 내용이 있었다. 세상에는 되돌릴 수 없는 세 가지가 있는데 첫째는 생명, 둘째는 신뢰, 셋째는 시간이라는 것이다. 이 중에서도 가장 바탕이 되는 것이 시간인데, 시간을 낭비하는 것은 결과적으로 생명을 낭비하는 것이고, 신과 인간의 신뢰를 금 가게 하는 것이므로 시간을 어떻게 관리하느냐에 따라 생명의 가치와 신과 인간의 신뢰를 얻을 수 있는 관건이 된다는 말이었다.

세계의 많은 독자들의 심금을 울린 적 있는 미치 앨봄이 쓴 《모리와 함께한 화요일》에서, 모리 교수는 죽기 전에 제자인 미치 앨봄에게 "죽음은 생명이 끝난 것이지, 관계가 끝난 것은 아니네."라고 말한다. 이 말은 부처가 "느티나무의 무성한 잎 하나가 떨어지는 것이 죽음이요, 잎 하나가 나는 것이 삶이다."라고 한 말과 같은 맥락으로써 삶에 연연하지 말라는 뜻이다.

우리의 삶은 생전이나 사후나 어떤 식으로든 서로 연결되어 있다는 불교의 연기설을 생각나게 하는 위의 두 말은, 살아 있을 때 진정한 나로 사는 것이 무엇인지 고민하면서 지금 눈앞에 있는 순간의 아름다움을 충분히 즐기라는 의미일 것이다.

불교에서는 인생을 고해苦海라고 한다. 우리의 삶에서 고통의 시간을 빼고 나면 기쁨은 손가락으로 셀 수 있을 정도의 몇몇 기억만 남아 있을 뿐이다. 그리고 그 기쁨조차도 고통을 견딘 후의 달콤함이라고 해도 지나치지 않다.

일생은 번지점프를 타는 재미와 같은 것이라고 생각한다. 번지점프를 하는 사람들 중에는 꼭대기에서 뚝 떨어지는 순간에 무서움을 외면하기 위해 눈을 질끈 감아 버리는 사람이 있는가 하면, 눈을 똑바로 뜨고 아찔한 주변 경치를 즐기는 사람도 있다.

카베트 로버트는 "삶의 집은 아무것도 하고 있지 않으면 지어지지 않는다."라고 했다. 삶의 집을 제대로 짓기 위해서는 자기의 잠재의식을 일깨워 고통의 시간을 지혜롭게 헤쳐 나가는 데 필요한 준비를 해야 한다.

그런데 고통의 길을 극복하는 준비나 해결 방안은 각자의 몸 안에 지니고 있지만, 안타깝게도 모두가 바깥에서 찾으려고 한다. 그리고 대부분의 사람들은 매일 정해진 일상에 쫓기면서 나름대로 열심히 노력을 하고 있다. 하지만 그것만으로는 불충분하다. 그보다는 훨씬 많은 시간과 노력을 해야 남보다 뛰어난 이름을 얻을 수 있을 것이며, 소중한 시간을 낭비하지 않는 삶을 살아야 신과 인간의 신뢰를 얻는 가치 있는 생명으로 살았다고 할 수 있다.

주자朱子의 시 〈우성偶成〉에 일촌광음불가경一寸光陰不可輕이라는 문장이 나온다. "짧은 시간이라고 가벼이 여기지 말라"는 이 말은 《명심보감》〈권학편〉에도 실려 많은 사람들이 알고 있는 내용이다.

少年易老學難成 소년이로학난성	소년은 늙기 쉽고 학문은 이루기 어려우니,
一寸光陰不可輕 일촌광음불가경	짧은 시간이라고 가벼이 여기지 마라.
未覺池塘春草夢 미각지당춘초몽	못가의 봄풀은 아직 꿈에서 깨지 못했는데,
階前梧葉已秋聲 계전오엽이추성	섬돌 앞 오동나무는 벌써 가을 소리를 내는구나.

문제는 시간이다. 이상적인 삶의 방식이란 늘 순간의 시간 속에서 변함없이 옳은 선택을 강요한다. 버클리대학교 교수 로버트 프리츠는 자

신의 책《코어리딩》에서 "발전이란 근육을 단련시키는 것과 마찬가지로 하루아침에 이루어지는 것이 아니다. 진정한 배움은 낯설고 복잡한 환경에서 길을 찾아 헤매며 상당한 시간을 보낸 뒤에야 얻어지는 것이다." 라고 강조한다.

젊은이들의 롤모델이자 시골 의사로 잘 알려진 박경철도《자기혁명》이라는 책의 에필로그에서 청춘들에게 이렇게 준비하라고 조언한다.

"나에게 붙어 있는 나쁜 습관의 찌꺼기를 떼어내고, 시간을 압축해서 밀도를 높이고, 코피가 터지고 엉덩이가 짓무르도록 집중하라."

시간에 매달려 살아가는 인생이 고해에서 벗어나 자유로워지려면 삶에 지나치게 연연하기보다는 모리 교수처럼 사는 동안 주어진 일에 최선을 다해야 할 것이다.

創業守成 _{창업수성}

세우는 일과 지키는 일

살다 보면 인생은 롤러코스터를 타는 것과 같다는 말이 실감이 난다. 나름대로 성공한 사람을 보면 수많은 실패와 좌절이라는 시행착오를 거치면서 인내하고 도전하면서 난관을 극복하고 현재의 위치에 왔음을 알 수 있다.

습관은 인생의 중요한 요소 중의 하나로 사람의 생활 방식이 수없이 반복된 행동의 산물이라고 볼 수 있다. 한 사람이 어떤 행동을 하기 위해서는 먼저 생각을 해야 하고, 그 생각이 행동으로 나타나게 된다. 따라서 좋은 습관을 들이면 좋은 결과가 생기고, 나쁜 습관을 들이면 나쁜 결과가 오는 것은 당연한 이치라고 본다. 우리 속담에 "콩 심은 데 콩 나고 팥 심은 데 팥 난다"는 말이 있듯 습관은 자연의 이치와 다를 바 없다. 좋은 습관을 들이려면 남보다 앞서 좋은 습관을 들여야 한다.

글을 쓰는 일이 직업이다 보니 출근하면 습관처럼 이메일을 확인하게 된다. 최근에 지인이 보내온 글 '습관 때문에'라는 이야기는 큰 공감을 주었다.

한 젊은이가 노인을 찾아가 물었다.

"제게는 큰 소원이 있습니다. 소원을 이루려면 어떻게 해야 하나요?"

그러자 노인은 근처 백사장에 가서 '소원석'을 찾으면 된다고 말했다.

"소원석은 중앙에 별 모양이 있으니 명심하게."

젊은이는 그날부터 백사장에서 돌을 찾기 시작했다. 돌을 살펴서 찾던 돌이 아니라고 확인되면, 재확인하는 일이 없도록 바다 멀리 던지는 일을 반복했다.

'언제까지 이 일을 지속해야 하나?'

젊은이는 한숨을 쉬면서도 돌을 찾는 일을 계속했다.

그러던 어느 날, 젊은이는 백한 번째의 돌을 살피다가 별 모양을 발견했다.

"드디어 찾았구나!"

젊은이는 크게 기뻐하면서, 무의식중에 이제까지 했던 것처럼 어깨에 힘을 주어 돌을 멀리 던지고 말았다. 그가 겨우 찾아낸 소원석은 지금까지 그가 던졌던 돌들처럼 포물선을 그리며 바닷속으로 가라앉았다.

습관은 인간의 운명을 결정할 수도 있다. 이야기처럼 무의식적으로 일을 처리하거나 행동을 하다 보면 인생에서 단 한 번 주어진 행운을 놓치게 된다.

오랜 시간을 통해 한번 굳어진 습관은 삼베옷에 감물이 들듯 물들면 좀처럼 지우기가 어렵다. 나중에 가서는 그 사람의 성품까지 결정하게 된다. 습관이 되면 자신도 모르게 자동적으로 행동하기 때문에 그만큼 습관이 중요하다.

고사에 창업수성創業守成이란 말이 있다. 나라를 세우는 일과 나라를 지켜 나가는 일이라는 뜻으로, 어떤 일을 시작하기는 쉬우나 이룬 것을 지키기는 어렵다는 말이다. 이 고사는 당나라 태종이 신하들과 나눈 대화에서 나왔다.

어느 날, 태종은 신하들이 모인 자리에서 이런 질문을 했다.

"창업과 수성은 어느 쪽이 어렵소?"

방현령이 대답했다.

"창업은 우후죽순으로 일어난 군웅 가운데 최후의 승리자만이 할 수 있는 것인 만큼, 창업이 어려운 줄로 아나이다."

그러나 위징의 대답은 달랐다.

"옛부터 임금의 자리는 간난艱難 속에서 어렵게 얻어, 안일安逸 속에서 쉽게 잃는 법이옵니다. 그런 만큼 수성이 어려운 것으로 사료되옵니다."

그러자 태종이 말했다.

"방공房公은 짐과 더불어 천하를 얻고, 구사일생으로 살아났소. 그래서 창업이 어렵다고 말한 것이오. 그리고 위공魏公은 짐과 함께 국태민안을 위해 항상 부귀에서 싹트는 교사驕奢(교만하고 사치함)와 방심에서 오는 화란禍亂을 두려워하고 있소. 그래서 수성이 어렵다고 말한 것이오. 그러나 이제 창업의 어려움은 끝났소. 그래서 짐은 앞으로 제공들과 함께 수성에 힘쓸까 하오."

중국 역사를 보면 많은 나라가 서고, 사라지는 일이 계속되었다. 나라를 힘들게 일으켰다 하더라도 지키지 못하면 허망한 결과를 얻는다. 그 이유는 수성을 잘하지 못해서다.

강대국 또는 잘나가는 기업, 슈퍼리치는 수성을 위한 부단한 노력이 있어야 제자리를 지킬 수 있다. 그렇기 때문에 창업보다 수성이 더 어렵다고 말한다.

평범한 사람도 좋은 습관을 들이고, 유지하는 것이 창업수성만큼 어렵다. 아리스토텔레스는 "사람은 반복적으로 행하는 것에 따라 판명되는 존재이다. 따라서 우수성이란 단순한 하나의 행동이 아닌 바로 습관이다."라고 말했다.

존 폴 게티도 "회사에서 정상에 오르고 싶은 사람은 습관의 힘을 바르게 평가하고, 실천이 습관을 만든다는 사실을 이해해야 한다. 자신을 망치는 습관을 버리고 성공을 돕는 새 습관을 빨리 익혀야 한다."고 했다.

성공과 실패, 승리와 좌절, 부자와 가난 사이에는 그 사람의 습관만큼 간극이 있다. 성공하기 위해서는 성공한 사람의 행동 습관을 찾아내 그대로 습관을 들이면 된다. 부자가 되기 위해서는 부자들의 습관을 찾아내 습관화하면 되는 것이다.

각 분야에서 나름대로 성공한 사람들의 공통점을 보면 실패를 자신의 잘못으로 인정하고 이를 만회하기 위해 더 적극적으로 행동한다. 반면에 실패한 사람들의 공통점은 모든 것을 남의 탓으로 돌린다. 말로는 성공하겠다고 하면서 정작 필요한 행동은 하지 않는다. 그러면서 자신이 원하는 대로 이루어지지 않는다고 불평만 한다.

습관의 힘은 자신을 성공으로 이끌기도 하고 실패로 이끌기도 한다. 세상 모든 사람들은 자신의 습관대로 따라간다.

나는 누구인가? 나는 바로 습관이다. 성공한 인생을 살려면 남보다 앞서 좋은 습관을 들여야 한다. 잘못된 습관은 긴 인생에서 단 한 번 찾아온 행운을 망치게 할 수도 있기 때문이다.

點石成金

점석성금

돌을 다듬어 금을 만들다

인간의 욕망은 무한하다. 불교에서는 인간의 욕망을 다섯 가지로 나눈다. 재물욕, 색욕, 명예욕, 식욕, 수면욕이 그것이다.

《사랑의 기술》이라는 책으로 우리에게 잘 알려진 철학자 에리히 프롬은 그의 저서 《소유냐 존재냐》에서 현대 산업사회의 문제는 근본적으로 소유에 집착하는 삶의 방식에 있으며, 사람들은 그가 갖고 있는 것으로 평가하는 데 있다고 말한다. 인간의 지나친 소유욕 때문에 한없이 타락한다고 말하면서 인간 탐욕의 반성을 요구한다.

전 하버드 총장이자 경제학자인 로렌스 서머스는 "렌터카를 세차하는 사람은 없다."는 말로 '내 것과 남의 것의 차이' 즉 소유의 의미를 분명하게 했다.

중국 우화에 자신의 처지에 만족할 줄 모르고 욕심에 찬 사람의 이야기가 나온다.

어떤 사람이 찢어지게 가난하여 향과 초를 바치지 못했지만 평생 동안 신선을 지성껏 받들었다. 그 경건함에 보답하려고 그의 집으로 찾아간 신선은 다 쓰러져 가는 집을 보고 불쌍한 생각이 들었다. 그래서 손가락을 뻗어 뜰에 놓인 닳은 맷돌을 가리키며 주문을 외웠다. 그러자 맷돌이 황금으로 변했다.

신선이 가난한 사람에게 물었다.

"이 황금 덩어리를 네게 주겠다. 가지겠느냐?"

하지만 그는 사양했다. 신선은 이 사람이 마음씨가 맑고 탐욕이 없는 줄로 알고 기뻐서 말했다.

"네가 재물을 좋아하지 않으니 그러면 참된 도를 전해 주겠다."

그는 한참 머뭇거리다가 말했다.

"아닙니다, 아니에요. 저는 신선님의 그 손가락을 갖고 싶습니다."

《광담조廣談助》에 실려 있는 이 우화에서 점석성금點石成金(돌을 다듬어 금을 만든다는 뜻으로, 대단하지 않은 것이 남의 손을 거쳐 훌륭하게 다듬어짐을 비유한 말)의 고사가 유래되었다.

평생 가난하게 살다가 황금 덩어리를 가지게 되었으면 그것만으로도 남부럽지 않게 살 수 있었을 텐데도 더 큰 탐욕을 부리는 것이 인간이다. 우리 속담에 "말 타면 종 부리고 싶다"는 말이 있듯이 인간의 욕심은 끝이 없다. 가지면 가질수록 더 가지고 싶어 하는 게 인간의 욕망이다. 지나친 욕망은 역사가 증명하듯이 결국 자신과 남에게 많은 피해를 준다.

진정한 삶의 모습을 보여주고 세상을 떠난 헬렌 니어링과 스콧 니어링 부부는 저서 《조화로운 삶》에서 "삶을 넉넉하게 만드는 것은 소유와 축적이 아니라 희망과 노력이다."라고 말했다.

우리는 소유하는 삶보다 존재하는 삶을 살아야 풍요와 사랑이 넘치는 평화로운 삶을 살 수 있다. 아무리 많이 소유하고 있어도 일정한 때가 되면 모두 두고 떠나는 것이 인간이다. 인간은 소유하기 위해 사는 것이 아니라 인간답게 살기 위해 소유하는 것이다. 우리가 소유한 것은 내게 살아 있는 동안 잠시 맡겨진 것일 뿐이다. 부족하더라도 현재 소유한 모든 것을 감사하게 받아들이는 태도가 중요하다.

더 나아가 살아 있을 때 힘든 고통을 겪고 있는 친지들과 이웃을 돌아보고 그들과 나누는 삶이야말로 진정 우리가 꿈꾸는 대동사회大同社會의 모습이며 인간만이 지닌 위대함이 아니겠는가.

溫故知新 _{온고지신}

옛것을 익혀 새것을 안다

　우리나라는 일제의 민족문화말살정책과 광복 이후 외래문화의 급격한 유입으로 인해 한동안 전통문화의 가치를 경시하는 풍조가 만연했다. 그리고 근대화 과정에서 외래문화와 전통문화가 많은 갈등을 겪었다. 이는 서구의 문물을 수용하면서 외래문화는 가치 있게 여기고 그것을 동경하거나 숭상한 반면 전통문화는 낮게 평가하거나 무시한 데서 온 것과, 외래문화를 무조건 우월하다고 여기며 전통문화를 배척했기에 일어난 결과였다.

　하지만 최근에 와서는 전통문화를 계승하고 발전시키려는 노력들이 활발히 이루어지고 있다. 세계적 명성을 얻은 김덕수 사물놀이패를 비롯해 대중적 인기를 한 몸에 받으며 수백억 원대의 가치를 자랑하는 문화상품으로 자리 잡은 난타, 가수 김수철의 국악 계승 작업 등이 좋은 예라고 할 수 있을 것이다. 그럼에도 여전히 세계화의 물결 속에서 미국이나 일본의 일방적인 상업문화에 빠져 우리의 전통문화는 실체마저 모호한 상황에 놓여 있으며 세계화 역시 크게 왜곡되고 있다.

문화는 삶의 양식이며 삶은 특정한 시간과 공간의 연속성 위에서 펼쳐지는 것이다. 그러므로 문화는 각 나라와 민족마다 삶의 양식이 다를 수밖에 없다. 우리가 미국이나 일본의 문화에 매몰되어 간다는 것은 우리들이 미국인이나 일본인이 되어 간다는 것을 의미한다. 오늘날 세계화 시대에 살고 있는 우리는 그 어느 때보다도 전통문화의 중요성이 요구되고 있다. 전통문화를 잃게 되면 민족의 생존 자체가 불가능할 뿐만 아니라 삶의 의미마저 상실하게 된다.

연암 박지원이 쓴 《초정집서》라는 책에 이런 부분이 나온다.

"아아! 옛것을 본받는 사람은 묵은 틀에 빠지는 것이 탈이고, 새 문체를 만드는 사람은 상도에 어긋남이 걱정이다. 진실로 옛것을 본받으면서도 능히 변화시킬 줄 알고, 새 문체를 만들면서도 고전에 근거를 둔다면 지금 사람의 글도 고인의 글과도 같을 것이다."

이 대목은 세계화의 흐름 속에서 살고 있는 오늘날 우리에게 뜻하는 바가 크다. '옛것을 익혀서 새것을 안다'는 온고지신溫故知新의 자세가 필요한 것이다. 온고지신은 《논어》 〈위정편〉에 나오는데 공자께서 제자들에게 '옛것을 익혀 새것을 알면 남의 스승이 될 수 있다.'(子曰 溫故而知新,

可以爲師矣.)고 한 말에서 나왔다. 스승이 될 사람은 옛것에 대해 많이 아는 것만으로는 부족하다. 옛것을 궁리하여 현재나 미래에 유용한 이치나 도리를 깨달아야 한다는 것이다.

옛것에 대한 올바른 지식이 없다면 현재의 상황을 정확히 파악할 수 없고, 미래를 정확히 예측하지 못한다면 다가올 상황을 제대로 판단할 수 없다.

이제는 전통문화가 단순히 낡고 오래된 것이라는 인식을 버려야 한다. 그렇다고 해서 옛것을 무조건 추종하는 것도 금물이다. 전통문화는 현실 속에서 새롭게 재창조되었을 때 생명력을 지니고 큰 힘을 발휘한다. 전통의 본질을 계승하면서도 전통을 새로운 시대에 맞게 변용하는 것은 어려운 일이기는 하지만, 그것만이 진정한 의미에서 전통 창조일 수밖에 없기 때문이다.

개화기에 이른바 평민예술의 대표적 장르였던 판소리의 '창'과 서양의 연극을 '극'화한 '창극'이 있었다. 그러나 오페라도 아니고 가부키도 아닌 것이라 해서 없어진 것은 참으로 애석한 일이다.

일상에서 쓰이는 하이브리드hybrid라는 말은 현대적 감각에 맞게 재구성한 것을 말하는데, 전통의 한복을 변형시켜 실용화하여 현대에 맞게 재구성한 개량한복과 같은 것이 하나의 예다.

또한 한국의 영화 중 백만 명 이상의 관객을 동원한 〈왕의 남자〉나 TV 드라마로 절찬리에 방영되었던 〈대장금〉은 현대적 감각에 맞게 재구성한 소중한 전통문화 가치의 재발견이라고 할 수 있을 것이다.

　외국의 문화 중에도 우리가 받아들여야 할 귀중한 것들이 많다. 민주주의 제도나 합리주의적 사고방식, 앞선 과학기술 등 세계적으로 보편화된 문화는 적극적으로 수용하되 전통문화에 대한 자부심과 긍지를 지켜가면서, 주체적인 입장에서 수용하고 발전시키려는 태도가 중요하다고 본다.

少欲知足

소욕지족

적은 것에 만족할 줄 아는 삶

고요한 새벽에 홀로 깨어 보온병에 담긴 따뜻한 물 한 모금을 마신다. 한 모금의 따스함이 식도를 타고 내려 가슴을 적시면 몸속에서 맑은 기운이 솟아난다.

하루를 청정하게 맞이한다는 것, 늘 새로움으로 산다는 것은 깨어 있는 삶이다. 이 얼마나 행복한 일인가. 건방지지만 이게 바로 불교에서 말하는 최고의 경지, 고요하고 청정한 즐거움을 뜻하는 적멸위락寂滅爲樂이 아니던가.

최근 기침감기로 한 열흘 앓으면서 아내가 매일 머리맡에 자리끼를 챙겨준 덕에 뜻하지 않던 물 한 모금의 작은 기쁨을 누리게 되었다. 행복이란 무슨 일을 하든 의무감에서가 아니라 스스로가 진심으로 기쁘게 하면 약간의 수고만으로도 그 속에서 쉽게 얻을 수 있다고 한다.

현대인의 대다수는 사실 자기의 의지와 상관없이 수많은 인연에 묶여 끌려다니면서 자기답게 사는 법을 잊어버리고, 자신의 마음속에 아름다움을 누릴 수 있는 여유를 생각하지 못하며 살아간다. 가난한 사람은 물질적인 허기를 채우기 위해, 부유한 사람은 사치와 쾌락의 욕망을 채우기 위해 늘 바쁜 것이다.

또한 있다가 없어지면 더 좌절하고 못 견뎌 하는 게 인간 심리다. 이를 소유효과Enwment Effect라고 하지 않던가. 붓다는 소욕지족少欲知足, 적은 것에 만족할 줄 아는 삶을 살라고 했다. 없는 것을 슬퍼하지 말고, 가지고 있는 것에 만족할 줄 아는 자가 되라고 했다. 한 번 주어진 우리의 삶은 촘촘하고 밭게 살아야 하지만, 그래도 가끔씩은 버성기게 살아야 할 때도 있어야 쏠쏠하게 사는 재미를 느낄 수 있다.

물질적으로 부족함이 없어서 남의 시새움을 받는 삶보다, 부족하지만 스스로를 만족시키는 인생을 살기 위해 자신의 마음속에 자신만의 색깔을 채색할 수 있는 여백의 공간을 마련하는 것이 각자의 삶에 꼭 필요한 일이 아닐까.

어니스트 헤밍웨이는 소설《노인과 바다》에서 "땅 위의 모든 날은 좋은 날이다."라고 했고, 파올로 코엘료는《연금술사》에서 "인생은 기적의 연속이다. 인생의 기적은 사람과 사람의 만남을 통해 그 모습을 드러낸다."고 했다.

우리는 현재 살아 있음에 감사하고, 가까운 이웃·친지·친구들을 만나 대화하고 평화의 인사를 나눌 수 있음에 만족하는 삶을 살아야 한다. 스티브 잡스는 《나의 인생, 나의 길에 관하여》에서 "최고의 부자로 무덤에 가는 건 내게 중요하지 않다. 잠자리에 들기 전 '오늘 우리가 뭔가 중요한 걸 했구나.'라고 말할 수 있는 것. 나에게 중요한 건 바로 이것이다."라고 말했다.

물이 너무 맑으면 고기가 살지 못하고 사람이 주변을 너무 많이 살피면 사람이 없다. 나이가 들수록 만나서 대화를 나누고, 힘든 일을 함께 고민하는 사람이 필요하다. 그러기 위해서는 타인의 단점을 들춰내어 트집 잡는 것은 자신에게도 도움이 되지 않는다. 타인의 단점은 가능한 가볍게 잊을 수 있어야 한다. 자신의 삶도 곽곽한데 남의 잘못 때문에 자신이 괴로워야 할 이유가 없다.

올 여름은 한더위에 도를 닦는 선승처럼 선풍기 한 대에 의지해서 하루하루를 보냈다. 낯익은 도시에서 한 치도 벗어나지 않은 채 조금의 오차도 없이 집과 직장, 학업과 강의를 번갈아 내왕하며 휴가라는 말은 이 세상에 애초부터 없었던 듯, 휴가라는 말조차 무심히 넘겨버리는 무덤덤함이 나를 여전히 충만하게 했다. 스콧 니어링의 말마따나 "언제나 더 좋은 일이 눈앞에 펼쳐지기를" 기대하며, 로버트 루이스 스티븐슨의 "가장 위대한 성공은 일하는 것이다."라는 말을 위로로 삼으며 나날이 찜통더위와 씨름하다 보니 어느새 말복이 지나가고 처서가 되었다.

산다는 것은 가까운 사람들과 자주 만나 사소한 일상을 나누면서, 남은 세상을 향해 함께 나아가는 것. 때로는 행복한 순례자로 자처하며, 맑고 깨끗한 영혼을 지니려고 노력하면서, 수수께끼와 같은 삶의 실타래를 풀어가면서 낯선 허공에다 대고 주먹질도 하며, 비록 가진 것이 적더라도 현실에 만족하는 삶을 살아야 하리라.

中庸 _{중용}

한쪽으로 치우치지 않고 지나친 것도 못 미친 것도 없다

흔히 현대 경쟁사회의 특성을 말할 때 '제로섬 게임zero-sum game'이라는 말을 쓴다. 이는 합습이 0이 되는 사회로, 누가 가져간 만큼 어느 한쪽이 반드시 손해를 보게 된다는 것이다. 실제 현실이 이처럼 '다 가지지 않으면 다 잃는다'는 사고로 극단적인 경쟁을 벌이다 보니 끊임없이 싸우게 된다고 볼 수 있지만, 사실은 인간의 의식이 극단화되어 감으로써 현실이 그렇다고 볼 수도 있다.

동양 고전 가운데 하나인 《중용中庸》에서 주자는 중용을 이렇게 해석했다.

"중中이란 불편불의不偏不倚하고 과불급過不及이 없는 것의 이름이다. 용庸은 평상平常이다."

이를 쉽게 풀이하면 한쪽으로 치우치지 않고 지나친 것도 못 미친 것도 없는 것이라 할 수 있다. '중용'은 불교나 노장철학 등과도 깊이 연관되어 있으며, 이분법적인 극단적 사고에서 벗어나지 못하는 우리들에게 삶에 혜안을 주기도 한다.

중용적 태도는 어느 한쪽을 택하는 쉬운 길로 삶을 살아가지 않고 어렵지만 도리에 따르는 삶을 말한다. 우리는 서양의 이항대립식 사고에 물들어 쉽게 '우리'와 '그들'로 나누어 양극단의 절름발이 삶을 살아가고 있다. 일례로 일부 위정자들은 그동안 '우리'와 '그들'을 분리하여 지역감정을 부추겨왔으며 이를 정치적으로 악용함으로써 국민의 화합을 저해해 왔다.

뿐만 아니라 우리 사회 곳곳에서 날을 세우고 있는 진보와 보수 간의 대립이나 학교 내에서 행해지는 우열반 편성이나 왕따 현상과 같은 이분법적인 사고로 인해 여전히 적대시하고 갈등한다.

우리의 선조 중에 기생 황진이의 무덤에 들러 잔을 붓고 유명한 시를 남긴 임제林悌 선생의 중용과 관련된 일화가 있다.

선조 때 대문장가인 임제가 잔칫집에 갔다가 술이 거나하게 취해 오른쪽에는 가죽신을 왼쪽에는 나막신을 신고 말을 타려고 하는 것을 보고 하인이 놀리자 "이놈아, 말의 왼쪽에서 보는 사람은 내가 나막신을 신은 줄 알 터이고 오른쪽에서 보는 사람은 가죽신을 신은 줄 알 터이니 무슨 상관이냐?"고 말했다.

또한 선생은 중용을 팔백 번이나 읽었다는 일화로도 유명하다. 우리가 무엇을 보고 진정으로 안다는 것은 양쪽을 다 보아야 한다는 것이다.

서양의 아리스토텔레스가 쓴 완숙한 저서로 불리는 《니코마코스 윤리학》에는 중용에 대해 여러 가지 비유를 들어 설명하고 있다. 뛰어난 공예가가 추구하는 중용이란, 정도에서 넘치는 것이나 부족한 것이나 모두 작품이 가지는 아름다움을 훼손하는 것이므로 한 점 덧칠도 한 점 삭제도 허락하지 않는 그 작품의 최고의 균형 상태를 말한다.

건강한 상태 또한 음식의 과도한 섭취에 의해서도 음식의 부족에 의해서도, 지나친 운동에 의해서도 운동 부족에 의해서도 성취되지 않는다. 요컨대 "그에 적합한 때에, 그에 적합한 사항에 대해, 그에 적합한 사람에 대해, 그에 적합한 목적을 위해, 그에 적합한 방법으로 이루어지는 것이 중용이고 최선이며 이것이 덕의 덕다운 근거이다."

이는 아리스토텔레스가 덕의 특징이자 본질로 제시한 중용-mesotes으로, 주어진 상황에 대해서 이성의 분별력이 지시하는 바에 따르는 최선의 태도를 의미한다고 할 수 있다.

서양과 동양의 중용에 엄밀한 차이가 있다면 서양이 다소 기계론적인 반면에 동양은 상황에 따라 조금씩 다른 유동적이고 탄력적인 개념의 중용이라 할 수 있을 것이다.

그렇다면 어떻게 해야 중용에 이를 수 있을까. 그것은 노장철학에서 말하는 무위無爲의 원리와 같다. 낮이 영원히 낮일 수 없고, 봄이 영원히 봄일 수 없듯이 자연의 순리대로 살아야 한다.

물이 넘쳐서 흘러가듯이 자신 속에서 실력이 무르익고 노력이 무르익어야 성적도 높아지고, 성공도 이루어지는 것이다. 그래야만 욕망과 좌절 어디에도 치우치지 않고 자연스러운 삶을 영위할 수 있을 것이다. 그렇게 될 때만이 합이 0인 현대사회에서 벗어나, 합이 0이 아닌 사회non-zero-zum game가 만들어질 것이다.

중용의 삶은 그동안 우리가 통제하지 못하고 있는 이성 중심의 현대 물질문명의 폐해와 위기를 슬기롭게 극복하는 대안이기도 하다. 중용적 삶을 체현할 때, 우리가 살고 있는 현대사회가 진정한 화합과 협력으로 이루어진 행복한 세계가 될 것이다.

號 호

새 이름

　사람은 누구나 태어나면 이름을 지어 부르게 되는데 우리 선조들은 부모가 지어준 이름을 가장 존귀하게 여겨 남들이 함부로 부르는 것을 불경스럽게 여겼다. 그렇기에 아호雅號나 당호堂號를 지어 부르게 되었다고 한다.

　우리가 각자 사용하고 있는 이름을 예전에는 15세를 전후하여, 이전까지는 명名으로 불렀고 이후부터는 자字로 불렀는데, 자字가 정식 이름이었다. 명名은 보통 어릴 때 부르는 이름으로 아명兒名이라 하고, 어른이 되어 부르는 이름은 자字라고 할 수 있다. 자는 본 이름 외에 부르는 이름, 장가 든 후에 부르는 이름이다. 호號와 자字는 같은 뜻으로 사용된다.

호號는 그 사람의 별명, 별칭으로 스승 또는 친구가 붙여주거나 스스로 붙이기도 한다. 국어사전에는 호號를 본명이나 자字 이외에 쓰는 이름으로 당호, 별호別號로 설명하고 있다.

아호를 짓는 기준은 크게 네 가지로 나눌 수 있다.

소처이호所處以號 생활하고 있거나 인연이 있는 처소를 호로 삼음
소지이호所志以號 이루어진 뜻이나 이루고자 하는 뜻을 호로 삼음
소우이호所遇以號 처한 환경이나 여건을 호로 삼음
소축이호所蓄以號 간직하고 있는 것 중에 특히 좋아하는 것으로 호를 삼음

여기에 더하여 뜻이 있는 글자, 직업이나 성격에 알맞은 글자, 이름처럼 부르기 좋은 글자, 사주팔자 등으로 살펴서 긍정적인 방향으로 이끌어줄 수 있는 글자, 겸손한 글자 등이 있다. 아호의 소재를 정할 때 기준 삼는 것은 이상과 신념, 그리워하는 고향이나 기타 지명, 산과 바위, 지조나 의리, 개성과 의지의 표현 등에 따라서 각양각색이다.

그동안 내가 써 오던 호號는 청강淸江이다. 지금은 고인이 되신 중산中山 이원창 화백畵伯이 지어준 것으로 20여 년 동안 사용해 왔다. 중산 화백은 대한민국 미술대전에 특선 및 입선을 여러 번 하신 분으로 경남 합천이 고향이다. 천성적인 예술가의 표상으로 한국화, 서양화 할 것 없이 그림에는 타고나신 분으로 많은 예술인들의 존경을 받으셨다.

무자년에 '애죽헌愛竹軒'이란 새 아호를 하나 더 갖게 되었다. 평소에 인품이 갖춰지지 않은 사람에게는 절대로 호를 내주지 않는 꼿꼿한 대쪽 선비이자 한학자이신 목천木泉 스승께서 흔쾌히 지어준 새 아호는 따스한 제자 사랑이 그대로 전해졌다.

아호를 갖는다는 것은 새로운 결심으로 살아가겠다는 내 나름대로의 의지의 발로이다. 무자년을 보내면서 그동안의 미흡했던 삶을 되돌아보고, 다시 한번 새롭게 태어나는 각오로 더 나은 삶을 살도록 다짐했다. 새 이름을 갖게 되어 개인적으로는 몹시 기분 좋고 경사스런 일이 아닐 수 없었다. 새 이름을 갖는다는 것은 새로 태어남을 의미한다고 말한다면 나만의 지나친 해석일까.

許慶泰 號說義 愛竹軒 허경태 호의 뜻을 설명하다 애죽헌

心悅自樂曰愛 심열자락왈애 마음이 기쁘고 스스로 즐기는 것이 애
直節常靑曰竹 직절상청왈죽 절개가 굳고 항상 푸르게 사는 것이 죽
吟風淸居曰軒 음풍청거왈헌 풍류를 읊으며 맑게 사는 것이 헌

-淸居人 戊子 歲暮 木泉 청거인 무자 세모 목천

한지에 정성스레 써주신 호설의號說義를 음미하면서 아호에 걸맞은 삶을 사는 것이, 호를 지어준 스승의 뜻에 누를 끼치지 않는 삶이라는 생

각을 하게 된다. 내 의지와 상관없이 어느덧 인생의 반환점을 돌아 결승선을 향해 내달리고 있는 나날의 삶을, 칼로 묘갈명墓碣銘에 한 자씩 새기는 심정으로 살아가고 싶다.

無信不立

무신불립

믿음이 없으면 설 수 없다

영국 최고의 극작가이자 시인인 셰익스피어는 무대에서 세월을 이렇게 말했다.

"내일 또 내일 또 내일. 이렇게 아장걸음으로 하루에서 하루를 기어가서 기록에 남을 세월의 마지막 한 마디에까지 이른다. 그리고 우리의 모든 어제는 바보들에게 진토塵土에 이르는 길을 비추어 주었다."

해가 바뀐 지 어제 같은데 계절이 빠르게 지나간다. 아이들 앞에서 과자 봉지를 뜯어 놓는 순간, 순식간에 사라지듯 나날의 시간들도 이같이 느껴져서 지나가는 세월이 참 야속하다는 생각이 든다.

《논어論語》에 공자의 제자인 자공이 정치에 대해 묻는 장면이 나온다.

"나라를 다스리는 데 무엇이 가장 중요합니까?"

공자가 답한다.

"첫째는 먹는 것이고足食(경제) 둘째는 자위력足兵(군대)이고 셋째는 백성들의 신뢰民信之이다."

자공이 다시 묻는다.

"그중에서 부득이 하나를 뺀다면 어떤 것입니까?"

공자는 "군대."라고 말한다. 자공이 재차 "또 하나를 부득이 뺀다면 어떤 것을 먼저 빼야 합니까?"라고 묻자 공자는 "경제."라고 대답한다.

그리고 그 이유를 이렇게 말한다.

"옛날부터 사람은 어떤 방식으로든 죽어 왔다. 그러나 백성들의 신뢰가 없으면 조직의 존립은 불가능한 것이다." (民無信不立)

국가에 대한 백성들의 신뢰, 지도자에 대한 조직원들의 신뢰는 마지막까지 그 조직이 존립할 수 있는 기반이다.

평소에 자신감이 부족한 작은아들에게 어떻게 하면 자존감을 갖게 하고, 주저함 없이 당당하게 살아가도록 할 수 있을까 하는 고민을 해왔는데 마침 공부하러 갔다가 목천 선생께서 화선지에 써놓은 무신불립無信不立이라는 문구를 보면서 순간적으로 '바로 이거다' 하는 생각이 전광석화처럼 다가왔다. 이 문구를 아들에게 선물로 주면 정말 좋겠다는 생각이 든 것이다.

"무신불립, 믿음이 없으면 설 수 없다."

다시 새겨 보면 "자신에 대한 강한 믿음이 있어야 뜻하는 바를 이룰 수 있다"는 것이다. 또한 "한번 세운 목표는 꼭 달성할 수 있다는 확실한 믿음을 가져야 이룰 수 있다"는 의미로도 해석해 볼 수 있었다.

다행히 선생님의 배려로 그 귀한 글귀를 선물로 받아와서 아들에게 뜻을 전하면서, 선물로 꼭 해주고 싶었던 일이었다는 말과 함께, 표구를 해서 너의 방에 걸어두고, 삶의 지표가 되는 좌우명으로 삼았으면 좋겠다는 말도 덧붙여 주었다.

가족에 대한 아버지의 사랑은 당연한 것이다. 비록 언젠가는 모든 사람들이 셰익스피어의 말마따나 흙과 먼지가 되더라도 말이다. 짧다면 짧고, 길다면 긴 인생에서 의미 없는 삶을 살다가 한평생을 마감하는 것은 너무 허무한 일이 아닐까. 자기 발전을 위해 끊임없이 노력하는 아버지의 모습을 자식에게 보여주는 것도 아버지로서의 당연한 역할이지만, 자식이 열심히 자신을 위해 노력하는 모습을 곁에서 믿음을 가지고 지켜보는 것도 엄연한 아버지의 특권이자 행복일 것이다.

좁은 내 소견으로는 인생은 지나치게 하잘것없는 것도, 지나치게 거창한 것도 아니라는 생각이다. 하지만 셰익스피어의 말은 무척 공감이 가는 말이다. 누구에게나 동등하게 주어진 한 번뿐인 인생, 똑같이 주어진 시간. 그 소중한 시간을 헛되이 보내지 않고 자신을 믿고 현명하게 살아야 어리석은 사람이라는 소리는 듣지 않게 될 테니까 말이다.

儒學 _{유학}

공자와 그 제자들의 가르침

최근 근대성의 위기에 대한 대안으로 관심을 끌고 있는 것이 유학이다. 동양인의 사유 가운데 가장 중요한 것이 유학이라고 할 수 있다. 공자가 살았던 춘추전국시대는 매우 혼란한 시기였다. 공자는 그 혼란했던 시대를 바로 세우기 위해 이상적인 인간상을 내세웠다. 그것이 바로 군자이다.

군자는 배우는 기쁨과 친구와 사귀는 기쁨을 알고, 세상이 자기를 알아주지 않아도 성내지 않으며, 자발적 가난을 택하여 안빈낙도의 삶을 추구하며 산다. 군자는 말로써 남을 속여 분쟁을 일으키는 행위를 하지 않을 뿐 아니라 윗사람을 공경하며 아랫사람에게는 본보기가 되기 위해 힘쓴다. 또한 남이 나를 박대하는 것을 탓하지 않고 오히려 자신의 잘못을 반성하는 깨어 있는 인간상이다.

우리에게 유교는 개화기를 거치며 보수적이고 시대착오적인 사상으로 여겨져 왔다. 일부 지식인들은 무조건 서구의 물질문명과 사상을 받아들이자고 주장하기도 했다. 그것이 지나친 서구사상의 맹신을 초래했고 오늘날 가치관의 위기를 가져왔다.

이는 철저한 물질만능주의에 빠진 현대인의 인간성 상실의 모습을 보여준다. 이러한 결과는 서구추종주의에 빠져 동양을 함부로 비하한 데서 비롯된 것이기도 하고, 유학을 제대로 알지 못하면서 그 부정성만을 강조하여 인식했기 때문에 빚어진 것이기도 하다.

지금 우리 사회는 돈 때문에 어린아이를 유괴하고, 대학교수가 아버지를 살해하고, 유산을 차지하기 위해 멀쩡한 가족을 강제로 정신병원에 가두고, 기업에서는 수단과 방법을 가리지 않고 탈세를 저지르는 등 도저히 상상할 수 없는 범죄들이 날로 증가해 가고 있다. 이는 지나친 물질문명의 발달로 인해 인간의 정신세계가 황폐화되고 있음을 단적으로 보여주는 예이다.

현대인들은 말로써 남을 속이고 자신의 목적을 달성하기 위해서는 수단과 방법을 가리지 않는다. 〈사랑과 영혼〉이라는 영화에서 보면 두 절친한 친구가 돈 때문에 사이가 깨지고 만다. 결국은 친구를 살인하고 죽은 친구의 아내에게는 온갖 달콤한 말로 거짓말을 한다. 이런 영화를 볼 때마다 물질만능주의가 우리의 무의식에 얼마나 뿌리 깊이 박혀 있는가를 절감하곤 한다.

그동안 우리 사회에 물질만능 풍조가 가져온 정신의 고갈에 따른 문제점을 우리는 하루빨리 극복해내지 않으면 안 된다. 그에 대한 해결 방법은 동양적 사고이다. 동양적 사고 가운데서도 특히 유학이 가장 큰 관심의 대상이 된다.

유학의 근본이념은 '인仁'에 있다. 공자는 '인'은 '사람을 사랑함'이라고 했다. 원시 유교의 출발이 중국의 하은주 삼대문화의 태평성대를 구현하기 위함이듯이, 사람을 사랑한다는 것은 조화롭고 평화로운 사회를 이루기 위한 근본적인 바탕이 되는 것이다.

유학에서는 '인'을 실현하기 위해 이상적인 인간형인 군자를 지향하고 노력해야 한다고 가르쳐 왔다. 이러한 유학의 정신은 오늘날 현대인에게 중요한 정신적 교훈을 준다. 무엇보다도 유학의 '수기修己'는 자기의 정신세계를 다듬고 아름답게 발전시킬 것을 우리에게 가르쳐준다. 선비 정신은 오늘날 줏대 없이 상업 문화의 노예, 욕심의 노예로 살아가는 현대인에게 필요한 정신인 것이다. 특히 대량생산과 대량소비에 의한 지구 자원의 고갈과 환경오염을 생각할 때 자기 절제와 겸양의 선비 정신은 절실히 요청되는 바이다.

도덕과 신의가 땅에 떨어진 요즘 옛것을 배우고 삶에 적용하여 내면의 풍요를 누리는 진정한 삶을 살아야 한다. 물질적인 것만이 진정한 행복이 아니기 때문이다.

悲泣不遇

비읍불우

출세할 기회를 얻지 못해 슬피 운다

인간이 자신의 시대적 상황을 벗어날 수 없듯이 학문 또한 그 시대의 권력으로부터 자유로울 수 없다. 이천 년 전 중국 후한後漢시대에 살았던 사상가 왕충王充이 쓴 《논형論衡》에 비읍불우悲泣不遇의 고사가 나온다. 비읍불우란 "제도가 여러 번 바뀌는 통에 평생 동안 출세할 기회를 얻지 못해 슬피 운다"는 뜻이다.

옛날에 주라는 곳에 헐벗은 노인이 길가에 주저앉아 통곡하고 있었다. 길을 가던 나그네가 그에게 물었다.

"노인은 왜 그렇게 슬피 울고 계시나요?"

"내 신세가 너무나도 한심해서 그런다오. 머리카락이 백발이 되도록 한 번도 출세할 기회를 만나지 못했으니…."

나그네는 아주 이상해서 물었다.

"어떻게 한 번도 기회를 못 만났단 말입니까?"

노인이 대답했다.

"젊었을 적에는 글을 배웠소. 공부를 마치고 과거 준비를 하고 있었는데, 그 시절에는 나이 든 사람이 존중을 받았지요. 젊은 사람은 아무리 학식이 있어도 무시했기 때문에 쓰이지 못하게 된 것입니다. 그 뒤 나이 든 사람을 존중하던 임금이 죽고 새로 임금이 들어섰는데, 그는 무예를 숭상했소. 그래서 나는 글을 버리고 무예를 배웠지요. 무예를 익혀서 막 벼슬길로 나가려는데 이번에는 무예를 숭상하는 임금이 죽고 젊은 임금이 들어섰지요. 그 젊은 임금은 자기처럼 젊은 사람을 중용했소. 젊었을 때는 나이 든 사람을 중용했기 때문에 출세를 못하고, 학문을 익혔을 때는 무예를 숭상했기 때문에 출세를 못하고, 늙어서는 젊은이를 중용했기 때문에 출세를 못한 겁니다."

이 고사는 미래를 준비하는 이들에게 중대한 교훈을 준다. 세상에 나를 맞추면서 산다면 불우한 생애를 보낸 노인처럼 후회하는 삶을 살 수도 있을 것이다. 이와 달리 시류에 잘 대처하여 나름대로 성공할 수도 있다. 하지만 스펙을 쌓고 학벌을 쌓는 시대의 조류를 따르기보다는 자신만의 노하우를 갖는 실력을 쌓는 것이 보다 중요하다고 본다.

사람은 태어날 때부터 타고난 고유의 능력이 있다. 각자 잘하는 분야가 있다는 말이다. 미인은 생김새가 다르나 모두 자기만의 아름다움이 있고, 작가나 음악가도 자신만의 고유한 특성이 있기에 나름의 마니아들이 형성되는 것이다. 음식이나 술도 여러 종류가 있지만 맛이나 취하는 속도가 다 다르듯이 개인의 개성을 살리는 분야를 찾아 학문하는 것이 나이가 들어서 후회하지 않는 선택이 아닐까 싶다.

나는 빈농의 자식으로 태어나 하고 싶었던 공부를 하지 못하고 고등학교를 마치고 먹고살기 위해 공직에 뛰어들었다. 그러다가 뒤늦게 공부를 하기 위해 직장을 정리했다. 하지만 나이가 들어서 한 학문은 청소년 시절에 해 보지 못했던 한풀이 공부에 다름없었던 것 같다.

농사를 짓는 것도 때가 있듯이 공부도 마찬가지다. 세상 모든 일에는 해야 할 시기가 있다. 그 시기를 놓친다면 후회할 수밖에 없다. 인생은 누구에게나 한 번 주어진다. 연습이나 나중이라는 것은 없다.

최선을 다했지만 결과에 따라 희비가 엇갈릴 때도 있을 것이다. 하지만 지금 당장의 일보다는 앞날이 있지 않은가. 결과 때문에 느끼는 순간의 기쁨이나 슬픔은 과감하게 잊어버리고, 그동안 돌보지 못했던 자신을 다독이며, 자신과 깊이 있는 대화를 나눠보기를. 그러다 보면 스스로 새 길을 찾을 수 있는 방법이 보일 것이라고 믿는다.

시대의 조류에 따를 것인가, 자기 삶을 주체적으로 선택할 것인가. 이는 순전히 각자의 몫이다.

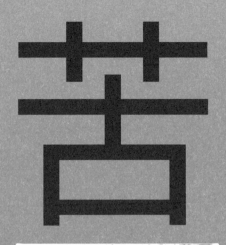

제3장

고 통 을 극 복 하 는 즐 거 움

跨下之辱

과하지욕

가랑이 밑을 기는 치욕

과하지욕跨下之辱 고사는 '가랑이 밑의 굴욕'이라는 뜻이며 '어려운 처지에서 참아냈던 굴욕'을 비유하는 말로 《사기》의 〈회음후淮陰侯〉 열전에서 나온다.

한신韓信은 진나라를 무너뜨리고 한나라를 세우는 데 지대한 공헌을 한 장군이다. 한신이 살던 시대는 폭군 중의 폭군이라고 불리는 진시황이 중국을 통일해서 진나라를 세우던 시기였다. 진시황이 만리장성을 쌓도록 했는데, 이 사람 밑에서 죽은 백성들이 얼마나 많은지 그 수를 헤아리기조차 어려울 정도였다.

한신의 가문도 진시황 밑에서 멸문지화를 당했는데, 한신만이 가까스로 살아남았다. 그가 살아남을 수 있었던 것은 스스로 어리석은 체하고 용기 없는 겁쟁이처럼 굴었기 때문이었다. 사실 한신에게는 높은 뜻도 있었고, 남들에게 무시당하지 않을 무술 실력도 있었지만 모든 재주를 숨기면서 밥도 얻어먹고 괄시도 받으면서 근근이 목숨을 연명했다.

어느 날 동네 불량배 하나가 한신 앞에 나타났다. 백정의 아들이었는데, 아주 포악한 사람이었다. 그자가 한신 앞에서 가랑이를 쩍 벌리고 서서 말했다.

"네 놈이 덩치는 큼직하게 생겨서 밤낮 허리에 칼은 차고 다니지만 사실 네 놈은 겁쟁이일 뿐이야. 네가 사람을 죽일 용기가 있다면 어디 그 칼로 나를 한번 찔러 보아라. 그러나 만일 죽이기 싫다면 내 가랑이 밑으로 기어가라."

한신은 그를 훑어보고는 가랑이 밑으로 기어 지나갔다. 저잣거리 사람들은 모두 한신을 겁쟁이라고 비웃었다.

이때의 치욕을 두고 '과하지욕'이라 한다. 한신이 일신을 보전하여 한왕에 오르고 주군을 도와 대업을 이루었던 것은 수모를 참으면서 견딘 인내심이 있었기에 가능했다.

후일 한신은 자신을 욕보인 백정 아들을 불러 '중위'로 삼고, 여러 장수들 앞에서 "이 사람은 용감한 사람이오. 나를 욕보일 적에 내가 어찌 그를 죽일 힘이 없었겠소? 그를 죽이는 것은 아무런 의미도 없었기 때문에 치욕을 참았고 오늘날 이 자리에 올랐소."라고 말했다.

"고양이는 발톱을 감춘다"는 속담이 있다. 이는 한신처럼 자신의 재주를 깊이 감추고 함부로 드러내지 않는다는 뜻이다.

은나라 탕왕湯王은 자신의 세숫대야에 "진실로 새롭게, 날마다 새롭게, 또 새롭게"(苟日新, 日日新, 又日新)라는 문구를 새겨두고 끊임없이 자기 혁신을 위해 노력했다고 한다. 명나라 말기에 출간된 고전 중의 고전 《채근담》에서도 "역경과 곤궁은 호걸을 단련하는 도가니와 망치다."고 했다.

인생을 살다 보면 한신과 같이 치욕스러운 일을 당할 때가 있다. 하지만 이를 참고 견디면서 내가 가지고 있는 힘을 열심히 키워가는 사람이라야 훗날을 도모할 수 있는 강한 힘을 키울 수 있다.

우리가 위대한 인물이라고 부르는 사람들도 단번에 높은 곳으로 뛰어올랐던 것이 아니다. 모두가 잠든 한밤중에 홀로 일어나 괴로움을 이겨내며 자신의 일에 열정적으로 몰두했던 결과다. "인생이란 자고 쉬는 데 있는 것이 아니라 한 걸음 한 걸음씩 걸어가는 속도에 있다."고 로버트 브라우닝은 이미 예고한 적이 있지 않은가.

한나라의 사학자 사마천司馬遷은 역사상 최초로 기전체紀傳體 역사서인 《사기》 130권을 저술했다. 사마천은 동양 최고 역사가 중의 한 명으로 중국 역사의 아버지라고 불린다. 사마천의 일생은 그 자체로 한 편의 인간 승리를 보여주는 드라마라고 할 수 있다.

그는 주나라 역사가 집안인 사마 가문의 후손이다. 아버지 사마담司馬

談은 전한의 천문, 달력, 기록을 맡아 처리하는 부서의 장관인 태사령으로 천문과 달력에 밝고 고전에도 통달했다고 한다.

사마천이 36세 때 사마담은 무제가 태산에서 거행된 봉선 의식에 참석하지 못하게 한 것을 분하게 여기다가 병이 나서 죽었는데, 사마천에게 유언으로 역사서 편찬을 완성해줄 것을 부탁한다. 사마담이 세상을 떠나자 그는 아버지의 뒤를 이어서 태사령이 되었다.

사마천의 나이 42세 때는 역법을 개정하여 태초력太初曆을 완성한 후 아버지의 유언에 따라 역사서 편찬을 시작했다. 그런데 그의 인생을 바꿔놓을 사건이 발생한다. 바로 이릉 사건이었다.

기원전 99년, 한나라 장수 이릉은 흉노 토벌에 나섰다가 패하여 흉노에게 투항하고 만다. 사건을 보고받은 황제 한무제는 진노하여, 이릉의 처분 문제를 결정하기 위한 중신 회의를 열었다. 신하들 모두 이릉을 비난하면서 이릉의 가족들을 능지처참할 것을 주장했다. 하지만 사마천은 평소 이릉을 뛰어난 장수로 여겼기에 홀로 두둔하고 나섰다. 이로 인해 무제의 노여움을 사게 된 사마천은 태사령의 직책에서 파면을 당하고 감옥에 갇히게 되었다.

사마천은 사형을 받게 되었는데, 당시 사형을 면할 수 있는 방법은 세 가지였다. 허리를 잘리고 죽는 것, 50만 전가량의 금전을 바치고 자유인이 되는 것, 생식기를 없애는 궁형을 당하는 것이었다.

사마천은 아버지의 유언인 역사서 완성을 포기할 수 없었기에 선비로서는 도저히 받아들일 수 없는 치욕을 무릅쓰고 궁형을 자청했다. 그의 나이 48세 때였다. 이 사건은 그의 삶은 물론 역사를 바라보는 시각에도 큰 영향을 끼치게 된다. 사마천은 55세 때 역사서 《사기》를 완성하고 무제의 신임을 회복하여 환관 최고의 관직인 중서령中書令에 오르게 된다.

인간이란 고통이 크면 클수록 위대한 업적을 남긴다. 사마천이 치욕을 감내하면서 역사서 《사기》를 완성한 것은 많은 사람들에게 인간이 왜 살아야 하는지를 일깨워준다. 사마천은 치욕과 고통을 인내한 대가로 위대한 역사가로 살아남았다.

사마천이 위대한 역사가로 평가받는 것은 자신이 하고자 결심했던 바를 절대 포기하지 않았기 때문이다. 목표를 성취하기 위해서는 한순간의 열정만으로는 이룰 수 없다. 자신감을 가지고 목표를 향해 한 발자국씩 소걸음으로 나아갈 때 비로소 세상을 변화시킬 수 있는 것이다.

아무리 힘들고 어렵더라도 참으면서, 실패를 거울 삼아 도전하면 좋은 날은 다시 찾아온다.

苦盡甘來 고진감래

고통 끝에 낙이 온다

사람들은 저마다의 삶을 영위하면서 헤아릴 수 없는 고통을 겪는다. 겉으로 드러난 질병뿐만 아니라, 남에게는 차마 꺼내 보일 수 없는 마음의 고통을 앓으며 살아가는 사람들도 수없이 많을 것이다.

고통 없이 자란 거목이 없듯이, 고통 없이 큰사람이 된 경우는 없다. 고통에도 의미가 있다. 그 의미를 받아들이고 즐기다 보면, 고통 넘어 기쁨이 있다는 사실을 깨닫게 된다. 고통은 쓰고 맵지만 그것을 뛰어넘은 결과는 달콤하다 못해 황홀하기까지 하다. 고통도 오래 앓다 보면 고통과 친구가 되거나 고통이 스승이 되어 삶의 길을 가르쳐준다.

고통 끝에 낙이 온다는 뜻으로 쓰이는 사자성어에 고진감래苦盡甘來가 있다. 공자가 처음 사용했다는 이 말의 반대어는 흥진비례興盡悲來로 즐거운 일이 지나가면 슬픈 일이 닥쳐온다는 뜻이다.

옛 중국에 가난한 농부가 살았는데, 이 농부는 너무 가난해 공부는 꿈도 못 꾸고 필기구조차도 살 수 없었다. 그렇지만 숯을 연필로 하고 나뭇잎을 종이로 사용하여 열심히 공부를 했다. 그 농부가 중국 문학사에서 유명한 도종의란 사람이다.

'고진감래'는 '세상일이 순환됨'을 가리키는 말로도 쓰이며, '세상의 온갖 일에 너무 자만하거나 낙담하지 마라' 또는 '흥망과 성쇠가 엇바뀜'을 일컫는 말로 사용되기도 한다. "젊어서 고생은 사서도 한다"는 말이 있듯 젊은이에게 고생은 인생의 중요한 자산이 된다.

이는 실패의 경험을 되살려 성공의 에너지를 창출할 수 있다는 뜻일 것이다. 세계 대중음악의 전설, 특히 인종차별 반대, 반전, 반핵 등 정치적이고 사회성 짙은 음악으로 끊임없이 시대가 원하는 작품을 만들어 왔으며 우리 시대 대중음악의 아이콘이 된 밥 딜런은 "지금의 패자가 훗날의 승자가 되리."라고 했다.

우리의 삶에 고통이 따르는 이유는 신이 인간을 진실로 사랑하기 때문이라는 생각이 든다. 생선이 소금에 절여지지 않으면 썩고 말듯이, 인간도 고통이라는 양념에 절여져야 비로소 자신과 남을 사랑할 수 있는 것이다.

손보순의 시 〈꺾여진 가지〉를 읽고 있으면 행간 사이에 숨겨진 고통의 흔적들이 구구절절 기어 나온다. 고통을 인내한 또 다른 기쁨 그것은 바로 한 인간만이 느낄 수 있는 초월의 경지가 아닐까 하는 생각이 든다.

오래 앓다 보면
병도 철이 들어
마음을 괴롭히지 않는다.

巨木(거목)이 한쪽 가지가 꺾였을 때
스스로 달래어 아픔을 잊어갈 때쯤
꺾여진 가지 옆엔 새 가지가 돋아나듯이

오랜 세월 자라난 巨木(거목)은
꺾여진 가지 대신
다른 가지가 더 많은 열매를 맺듯이

병이 철들어 맺어주는 열매도
주변의 어린나무들의 거름이 되어
사랑을 알고 사랑하게 된다는 건
또 다른 기쁨일 게다.

-손보순孫寶順의 시 〈꺾여진 가지〉 전문

우리의 삶은 뼈를 깎는 고통의 대가들 속에서 인생의 꽃을 피우는 연습을 하는 것이다. 고통과 삶은 헤어질 수 없는 관계다. 삶과 죽음의 사잇길인 고통의 길에서 수많은 사람들이 하루하루의 삶을 끝없이 채워가고 있다. 이것이 인생이고, 고통의 신비다.

고통 속에서 마음 아파하며 통곡하고 싶은 사람들이여, 그대들은 정말로 복 받은 이들이다. 미래의 행복을 주기 위해 신은 그대들을 택한 것이기에….

마음껏 아파하라,
단 한 번도 기쁨이 없었던 것처럼.
지금의 고통으로 영원히 행복해질 수 있으리니.

摩斧作針

마부작침

도끼를 갈아서 바늘을 만든다

몇 년 전부터 10년 계획을 세워 동양 고전을 공부하기 시작했다. 그동안 《천자문千字文》,《명심보감明心寶鑑》,《천고담天高談》,《소학집주小學集註》를 끝내고 《맹자집주孟子集註》,《논어집주論語集註》,《고문진보古文眞寶》 등을 계속 공부하고 있다. 고전 공부는 하면 할수록 더욱 흥미롭고 재미가 있다.

고사성어 중에 '마부작침摩斧作針'이라는 말이 있다. 이는 "도끼를 갈아서 바늘을 만든다"는 뜻으로 아무리 어려운 일이라도 참고 계속하면 언젠가는 반드시 이룰 수 있음을 말한다. 끈기 있게 학문이나 일에 힘씀의 비유로 쓰이는 이 고사는 이백(태백)이 겪은 일에서 유래되었다.

같은 뜻의 고사성어로 '철저성침鐵杵成針', '마저작침磨杵作針'이 있으며,

이와 유사한 뜻으로 쓰이는 '우공이산愚公移山'이나 '수적석천水滴石穿'이란 말도 있다.

시선詩仙으로 불리는 당나라 시인 이백은 어렸을 때, 아버지의 임지인 촉蜀 땅의 성도成都에서 자랐다. 그때 훌륭한 스승을 찾아 상의산象宜山에 들어가 수학을 했는데 어느 날 공부에 싫증이 나자 그는 스승에게 말도 없이 산을 내려오고 말았다.

집을 향해 걷고 있던 이백이 계곡이 흐르는 냇가에 이르렀을 때, 한 노파가 바위에 열심히 도끼를 갈고 있었다. 그 모습을 본 이백이 할머니에게 물었다.

"할머니, 지금 뭘 하고 계세요?"

"바늘을 만들려고 도끼를 갈고 있다."

"그렇게 큰 도끼가 간다고 바늘이 될까요?"

"그럼, 되고말고. 중도에 그만두지만 않는다면….'

할머니의 이야기를 들은 이백은 '중도에 그만두지만 않는다면'이란 말이 마음에 걸렸다. 여기서 생각을 바꾼 그는 노파에게 공손히 인사하고 다시 산으로 올라갔다.

그 후 이백은 마음이 해이해지면 바늘을 만들려고 열심히 도끼를 갈고 있던 그 노파의 모습을 떠올리며 분발했다고 한다.

나는 지천명의 적지 않은 삶을 살아오면서 시작만 하고 목적 달성은

커녕, 매사를 흐지부지하게 끝낸 일이 한두 번이 아니었다. 바쁘다는 핑계로 쓸데없는 일과 게으름에 빠져 인생의 아까운 시간을 허비해 왔다.

돈을 낭비하면 아깝다는 생각을 했으면서도 시간을 도둑맞은 것은 아깝다는 생각을 하지 않았다. 그러나 늦게 시작한 고전 공부만은 중도에 그만두지 않고 결실을 맺고 싶다. 아무리 힘든 역경에 처해 있더라도 신념과 용기를 잃지 않고 포기만 하지 않는다면 언젠가는 이루어진다는 것을 이제는 내 스스로 깨닫고 싶다.

성공한 자와 성공하지 못한 자의 차이는 재능에 있는 것이 아니라 끈기에 달려 있다고 한다. '이백이 할 수 있는 일이라면 나도 할 수 있다'는 믿음으로 끝까지 최선을 다한다면, 지금은 비록 미흡한 수준의 실력이지만 10년 후에는 한문으로 된 모든 동양 고전을 자유롭게 읽으면서 그 뜻을 음미할 수 있지 않을까 하는 생각을 가져본다.

러시아의 대문호인 도스토옙스키는 나이 여든에 《아라비안나이트》를 원문으로 읽기 위해 아랍어를 공부해서 읽었다고 한다. 사람의 몸은 나이가 들수록 자연현상에 따라 점차 쇠약해지지만, 지식은 쌓을수록 정신에 싱싱함을 더한다.

몸은 나이를 먹지만 정신은 절대 나이를 먹는 것이 아니기 때문에 학문 연마를 소홀히 해서는 안 되는 것이다. "책 속에 길이 있다"는 말은 귀가 닳도록 들었다. 이제는 그 길을 찾고, 내 자신과의 싸움에서 이기기 위해서라도 중도에 포기하지 않고, 끝까지 해야겠다는 다짐을 해 본다.

梧鼠學技

오서학기

다람쥐의 다섯 가지 재주

《순자》의 〈권학편勸學篇〉에 다람쥐의 다섯 가지 재주에 관한 이야기가 나온다.

석서라는 다람쥐가 살고 있었다. 크기는 쥐만 하고, 머리는 토끼처럼 생겼으며, 꼬리에는 털이 나 있고, 털은 푸르스름 누르스름했다. 그 다람쥐는 날기, 달리기, 헤엄치기, 나무 타기, 굴 파기 따위의 다섯 가지 재주를 가지고 있었기 때문에 오기서라고 부르기도 했다.

하지만 재주는 많아도 제대로 하는 것이 하나도 없었다. 난다고 해 봐야 지붕 꼭대기까지도 날지 못하고, 헤엄을 쳐 봐야 좁다란 냇물도 건너지 못했다. 또 나무에 기어올라 봐야 꼭대기까지 가지 못하고, 달려 봐야 사람보다 빠르지 못하며, 굴을 파 봐야 제 몸 하나 감추지 못했다.

"재주는 여러 가지이지만 제대로 하는 것이 하나도 없다"는 오서학기梧鼠學技에 관한 고사는 복잡다기한 현대사회에서 팔방미인, 만물박사로는 성공할 수 없다는 교훈을 준다. 비록 어렵고 힘든 고통이 따르지만 세계적인 축구 영웅 호날두처럼 한 분야에 완전히 몰입해야 최고가 될 수 있다는 것이다.

자기 계발의 권위자로 유명한 스티븐 코비 박사의 책《성공하는 사람들의 7가지 습관》은 38개 언어로 출판되어 이천만 권 이상 판매되었다고 한다. 코비 박사의 메시지가 인기를 끈 비결을 캐시 블랙 허스트 매거진 전 사장은 한마디로 "외부의 힘에 단순히 반응하는 대신, 자신이 통제할 수 있는 삶의 방면에 집중함으로써 성공할 수 있다."는 것으로 정리했다.

코비 박사가 강조한 일곱 가지 습관 중 첫째는 자신의 삶을 '주도하라'이다. 인생 코스를 스스로 선택하는 것이다. 성공하는 사람들은 자신이 할 수 없는 일에 집착하거나 외부의 힘에 반응하는 대신, 할 수 있는 일에 집중하며 자신의 선택과 결과에 책임을 진다. 이는 개인이 목표를 추구하는 데 있어 스스로의 인격과 믿음에 의존해야 한다는 사실이다.

스티븐 코비 박사의 말을 잘 실천했던 대표적인 사람이 세계적인 축구 천재로 불리는 크리스티아누 호날두 선수이다.

포르투갈의 가난한 섬마을에서 태어나 축구공 하나로 세계를 지배한 크리스티아누 호날두의 자서전《최고의 순간》에는 미래의 꿈을 위해 축구에 모든 것을 바친 생생한 이야기가 담겨 있다.

호날두는 공을 차는 것밖에는 별다른 놀잇거리가 없는 궁벽한 심의 빈민가에서 태어났다. 그는 늘 가난했다. 가난이 싫어 도망치려고 안간 힘을 썼지만, 결국 가난이 다시 그의 뒷덜미를 잡아 주저앉혔다.

그의 아버지는 알코올중독자로 가족을 몹시 힘들게 했다. 아버지라는 이름 그 자체가 공포로 느껴질 정도였다. 형은 마약에 중독되었기에 집에서는 있으나 마나 한 존재였다. 가족의 생계를 책임진 사람은 청소부 일을 하는 어머니였다. 그런 어머니를 호날두는 늘 창피하게 생각했고. 친구도 없는 외톨이 신세였다.

빈민가 놀이터에서 혼자 놀다가도 축구를 하는 아이들을 보면 같이 뛰고 싶었지만 끼워주지 않았고, 그런 아이들을 원망하지도 않았다. 이 모든 것이 단지 가난하다는 이유 때문이었다.

어느 날, 실수로 공이 호날두 앞에 날아왔다. 그는 힘껏 아이들을 향해 공을 찼고, 처음으로 희열이란 것을 느꼈다고 한다. 그때 그는 결심하게 된다. 축구선수가 되자고.

간신히 축구팀에 들어간 그에게 가난이란 꼬리표는 여전히 붙어 있었다. 동료들은 가난하다는 이유로 패스 한 번 해주지 않았고, 조명이 꺼진 후 모두가 돌아간 뒤에는 혼자 남아 축구공을 닦아야 했다.

힘겹게 선수 생활을 하던 그에게 절망적인 일이 닥쳤다. 어릴 적부터 정상인보다 두 배 이상 빠르게 심장이 뛰는 질병이 그의 발목을 잡은 것이다.

"이제는 운동을 할 수 없습니다."

의사의 말에도 호날두는 포기하지 않았다. 그 정도로 포기할 것 같았으면 힘든 고통을 참고 견디지도 않았다. 그는 수술했고, 재활치료를 하면 정상인만큼은 아니지만 그래도 많이 호전될 수 있다고 들었다. 재활을 마친 후 더 훈련 강도를 높였다. 뛸 수 있는 것만으로 감사하고 또 감사했다. 그렇게 시간이 흘러 그는 꿈에 그리던 경기장에 데뷔할 기회가 주어졌다.

그는 수많은 관중, 응원단, 기자들, 그리고 유명 축구팀 스카우트들 틈에 바라고 바랐던 축구장에서 죽을 각오로 뛰고 또 뛰었다.

"심장이 터져도 좋다."

데뷔전을 마친 후 얼마의 시간이 지나 호날두는 한 통의 전화를 받았다. 가난한 그의 운명을 바꿔줄 전화였다. '이적'이라는 말에 그의 몸에 전율이 흘렀다. 그곳은 다름 아닌 세계 최고의 구단 '맨체스터 유나이티드'였던 것이다. 더 놀라운 건, 그에게 직접 전화를 했던 사람이 퍼거슨 감독이었다는 사실이다.

통화가 끝난 후 그는 바로 어머니에게 전화를 걸었다. 그는 흐느끼며 어머니에게 이렇게 말했다.

"어머니 이제는 청소부 일을 하지 않으셔도 돼요."

구멍 난 축구화에 외톨이, 심장병을 가진 소년이었던 그는 그렇게 세계적인 축구 영웅이 되었다.

그는 작고 왜소한 체격, 예민한 성격, 궁핍한 집안 형편 등 여러 가지 악조건 속에서도 뜨거운 열정과 거대한 꿈을 잃지 않았다. 좌절과 절망이 순간순간 찾아왔지만 자신에 대한 믿음과 미래의 꿈을 실현하기 위해 열심히 노력했던 그의 모습은 '최고의 순간'을 꿈꾸는 모든 이들에게 희망이 되었다. 그는 "모든 것을 포기하고 단 한 가지에만 집중하면 성공한다. 하지만 사람들은 그렇지 못하다."고 성공 비결을 말했다.

고통스럽고 힘든 시간은 결코 영원히 지속되지 않는다. 캄캄한 밤이 지나면 새벽이 오듯이, 포기하지 않고 한 가지 일에 몰입해 역경을 견디면 위대한 사람이 되는 것이다.

心想事成

심상사성

마음먹은 대로 이루어진다

성서의 시편에 '고난이 유익하다' 또는 '고난당한 것이 유익이 된다'는 말이 나온다. 고난을 당하는 것으로 인하여 새롭고 좋은 것을 얻게 된다는 말이다.

인도에 선교사로 갔던 한 핀란드 여자 선교사가 폐병에 걸려 고향으로 돌아오게 되었다. 고향에서 휴양하며 농사일을 돕던 중 이번에는 탈곡기에 한쪽 팔을 크게 다치게 되었다. 이 여인이 어떤 반응을 보였을까. 여인은 이렇게 기도했다.

'주님, 이제 오른팔이 없습니다. 제가 무엇을 하기를 원하십니까.'

많은 사람들이 고난을 당하면 '왜 제게 이런 시련을 주십니까.'라고 기도한다. 그러나 이 여인은 '왜'라고 하지 않고 오히려 '무엇을'이라고 함으로써 고난의 현실을 극복했다.

오래전 모 방송국 〈아침마당〉 '목요 특강'을 들으면서 고난을 극복하는 자세를 배우게 되었다. 먼저, 고난은 우리를 성숙하게 한다는 것이다. 결혼한 사람이 결혼하지 않은 사람보다 성숙해지고, 자녀를 낳아 키워본 사람이 그렇지 않은 사람보다 더 성숙해지며, 장애인 자녀를 기른 부모가 더 성숙해진다.

'음중양, 양중음'이라는 말이 있듯이 슬픔 가운데에 기쁨이 있고, 기쁨 가운데 슬픔이 있다. 사람에게 고통이 없다면 몸은 자라고 정신은 미숙한 인간이 되기 쉽다. 또한 고난은 이해의 폭을 넓힌다. 다시 말해 공감대를 형성시킨다는 것이다.

죽음의 문턱까지 가는 임사 체험을 해 본 사람은 삶의 방향이 달라진다고 한다. 가장 낮은 밑바닥을 쳐 본 사람에게는 올라갈 희망이 있다.

고난은 우리를 강하게 한다. 과거를 되돌아보면 모든 게 명확하다. 고난의 배경이 있는 사람이 더 훌륭해 보인다. 미래의 내가 나를 어떻게 평가할 것인가를 생각해 보면 알 것이다. 아울러 고난이 기회를 제공한다. 한쪽 문이 닫히면 한쪽 문이 열린다.

고난을 통해 긍정적인 면을 보고, 가정에서 에너지를 얻고, 중요한 것은 미리미리 준비해야 한다. 미리미리 책을 봐두어라. 미리미리 사람들에게 인사해두고 전화해라. 조금씩 조금씩 변화해라. 작고 가까운 것부터 챙겨라. '근자열 원자래', 가까운 사람에게 기쁘게 하면 먼 곳에서 사람들이 오게 된다. 화가 날 때는 걸어라. 걸으면서 생각해라. 주변을 둘러보라. 지금의 눈앞에 보이는 상황만으로 자신의 소중한 희망을 포기하는 사람들이 적지 않다.

영국의 물리학자이자 세계적인 석학인 스티븐 호킹은 21세의 나이에 루게릭병을 진단받았다. 그는 손가락 하나 까딱할 수 없는 비극적인 신체장애를 지녔으나 불굴의 투지로 물리학계에서 괄목할 만한 연구 업적을 펼쳤다. 이는 목표를 향한 집념과 진리에 대한 강렬한 의지가 있었기에 가능한 일이었다.

조선시대 최고의 장수, 영국의 넬슨 제독보다 더 위대한 명장 이순신도 고난을 극복하고 민족의 영웅이 되었다.

조선 중기 임진왜란을 승리로 이끈 이순신 장군은 32세에 식년 무과(병과)에 급제한 뒤 첫 관직에 올랐다. 1591년 유성룡의 천거로 절충장군·진도군수 등을 지내다가 전라좌도 수군절도사로 승진한 뒤, 좌수영에 부임하여 군비 확충에 힘썼다.

그는 왜적의 침입이 있을 것에 대비하여 군비를 확충하고 군량 확보를 위하여 해도에 둔전을 설치할 것을 조정에 요청하기도 했다. 이듬해 임진왜란이 일어나자 옥포, 노량, 고성, 사천, 당포, 한산도 등지에서 적을 크게 무찔러 최초로 삼도 수군통제사가 되었다.

1597년 정유재란으로 일본이 다시 침입해 오자 그는 적을 격멸할 기회가 다시 왔음을 기뻐하고 싸움에 만전을 기하였다. 그러나 반대파의 모함으로 옥에 갇히게 되었고, 풀려난 후 함선 12척으로 명량해협에서 왜군 함대 133척을 무찔러 승리를 눈앞에 두고 적의 유탄에 맞아 전사했다.

이순신 장군은 지극한 충성심과 위대한 통솔력으로 임진왜란 중에 가장 뛰어난 무장으로 큰 공을 세워, 풍전등화에 처한 나라의 위기를 구했을 뿐만 아니라 민족사의 영웅으로 길이 남았다. 그는 글에도 뛰어나 《난중일기》를 남겼으며 특히 진중에서 읊은 시조들은 우국충정이 담긴 걸작으로 꼽히고 있다.

우리는 실패를 딛고 일어서는 방법을 배워야 한다. 세상을 살아가는 동안 실패를 경험하지 않는 사람은 없다.

평소에 '나'의 소망에 대해서 너무 쉽게 포기해 버리지는 않았는지, 꿈을 이루기 위한 자세는 어떠했는지 자신을 되돌아보고 반성하는 태도가 필요하다. 중국인들이 가장 좋아하는 심상사성心想事成의 뜻은 "마음먹은 대로 된다"이다. 우리가 목표와 희망을 가지고 그것에 대한 끝없는 믿음을 가질 때 비로소 꿈은 이루어질 것이다.

轉禍爲福 _{전화위복}

재앙과 화난이 바뀌어 복이 되다

중국의 고서 《회남자淮南子》에는 새옹지마塞翁之馬의 이야기가 나온다.

옛날 중국의 북쪽 변방에 한 노인이 살고 있었는데, 어느 날 이 노인이 기르던 말이 멀리 달아나 버렸다. 마을 사람들이 이를 위로하자 노인은 "오히려 복이 될지 누가 알겠소."라고 말했다.

몇 달이 지난 어느 날 그 말이 한 필의 준마를 데리고 돌아왔다. 마을 사람들이 이를 축하하자 노인은 "도리어 화가 될지 누가 알겠소."라며 불안해했다.

그런데 어느 날 말타기를 좋아하는 노인의 아들이 그 준마를 타다가 떨어져 다리가 부러졌다. 마을 사람들이 이를 걱정하며 위로하자 노인은 "이것이 또 복이 될지 누가 알겠소."라며 태연하게 받아들였다.

그로부터 1년이 지난 어느 날 마을 젊은이들은 싸움터로 불려나가 대부분 죽었으나, 노인의 아들은 절름발이였기 때문에 전쟁에 나가지 않아 죽음을 면하게 되었다.

이 이야기의 교훈은 좋다고 너무 좋아할 것도 없고 시련을 당해도 너무 걱정할 것이 아니라는 것이다. 인간의 삶은 평생 동안 변화무쌍하기 때문에 한 가지 일에 지나치게 얽매여 일희일비할 필요가 없다.

새옹지마와 비슷한 뜻으로 쓰이는 전화위복轉禍爲福이라는 말도 있다. 재앙과 화난이 바뀌어 오히려 복이 된다는 뜻으로, 어떤 불행한 일이라도 끊임없는 노력과 강인한 의지로 힘쓰면 불행을 행복으로 바꾸어 놓을 수 있다는 말이다.

《채근담》의 저자인 홍자성은 "사람이 역경에 처했을 때는 둘러싼 환경 하나하나가 모두 불리한 것처럼 생각된다. 그러나 사실은 그것들이 몸과 마음의 병을 고칠 수 있는 힘이요, 약이 된다."고 했다.

랍비 아키바에 대한 이야기는 유대인들 사이에 잘 알려져 있다. 그는 여행할 때 당나귀를 타고 가고 밤에 책을 읽기 위해서 등불을 가지고 다녔으며, 아침기도를 하기 위해 일찍 일어나려고 수탉을 가지고 다녔다고 한다.

한번은 여행 중에 밤에 쉴 마을을 찾지 못해서 동물들과 같이 숲속에서 밤을 지내게 되었는데 갑자기 돌풍이 불어서 등불이 꺼져 버렸다. 그러자 그의 당나귀와 수탉은 겁을 먹고 모두 도망을 가 버렸다. 그는 하나님이 하시는 일은 완벽하다고 말하면서 잠이 들었다.

그다음 날 그는 자신이 잠잔 곳에서 가까운 곳에 있는 마을을 도적들이 약탈했다는 사실을 알게 되었다. 이 소식을 들은 랍비는 다음과 같이 생각했다. '도적들이 나의 램프를 보았다면 어떻게 되었을까? 당나귀의 울음소리를 도적들이 들었으면 어떻게 되었을까? 수탉이 놀라서 울었으면 어떻게 되었을까? 만약 돌풍이 불지 않았으면 어떻게 되었을까?'

갑자기 불어닥친 돌풍으로 인해 전화위복이 된 것이다.

네덜란드가 낳은 세계적인 화가 렘브란트는 암스테르담에서 남부러울 것이 없는 화가였다. 아름다운 부인과 막대한 돈이 있었으며, 사람들이 원하는 그림을 그려 재물도 많이 모았다.

그러나 운명의 여신은 그를 가만두지 않았다. 마냥 행복할 것 같았던 렘브란트에게도 불행이 닥쳤다. 아름다운 부인은 죽고, 가지고 있던 엄청난 돈과 재물도 다 날려 버린 것이다.

부인과 재산을 잃고 나서 렘브란트는 신앙을 가지게 되었다. 그리고 전에는 볼 수 없을 만큼 경건한 그림을 그렸다. 성경을 공부하며 종교적인 그림을 많이 그려 사람들에게 깊은 감동을 주었다.

그가 그린 그림 중에 〈엠마오 길 위의 두 제자〉라는 작품이 있는데, 예수님이 십자가에 못 박혀 죽자 실망하여 엠마오로 내려가는 제자들을 자신의 삶에 비유해 그린 그림으로 불후의 명작이 되었다. 렘브란트는 삶의 굴곡을 거쳐 세계적인 화가가 될 수 있었다.

　세계적인 부흥강사 로버트 슐러 목사는 "거칠고 어려운 시간은 결코 영원히 지속되지 않는다. 그러나 그러한 험한 세월을 인내하는 사람은 영원하다."고 말했다.

　자연의 법칙에 따라 발생하는 폭풍이 한곳에 머물러 있지 않고 지나가듯이 삶의 굽이굽이에서 일어나는 고통들도 인내하고 기다리면 지나간다. 우리는 고통을 통해 위대한 자신이 탄생한다는 사실을 믿으면서 살아야 한다.

鑿壁偸光

착벽투광

벽을 뚫어 불빛을 훔치다

《서경잡기西京雜記》에 '착벽투광鑿壁偸光'의 고사가 나온다.

중국 전한前漢 때 재상을 지낸 유학자 광형匡衡은 본래 가난한 농부의
아들이었다. 그는 가난한 탓에 낮에 일해서 모은 한 푼, 두 푼의 돈으로
책을 사서 밤늦게까지 읽었다. 그런데 등불을 켤 기름이 없었다. 생각
끝에 이웃집 벽에 몰래 작은 구멍을 뚫어 새어 들어오는 불빛에 의지해
책을 읽었다.

그 동네에는 글자를 하나도 모르면서 책만 많이 가지고 있는 부자가
있었다. 광형은 짐을 꾸려 그 집에 머슴으로 들어갔다. 날마다 이른 새
벽에 일어나 한밤중까지 일했지만 전혀 대가를 요구하지 않았다. 이를
이상하게 여긴 주인이 무얼 주면 좋겠느냐고 물었다.

"당신 집 안에 있는 책을 읽게 해주면 좋겠습니다."

주인은 매우 감탄하여 책을 빌려주었다. 광형은 이렇게 열심히 책을 읽어 나중에 유명한 한나라 원제의 재상이 되었다.

여기서 나온 고사성어가 '착벽투광'이다. 가난하지만 학문에 힘쓰는 것을 가리키는 말로, 어려운 환경에서도 그것을 극복하고 힘들게 공부 함苦學을 비유하는 대명사로 쓰이게 되었다.

이와 유사한 이야기에 형설지공螢雪之功이 있다. 중국 진나라의 차윤車 胤이 반딧불로 글을 읽고 손강孫康이 눈雪 빛으로 글을 읽었다는 고사에 서 나온 말로, 배움에 대한 욕구는 가난도 극복할 수 있으며 힘들게 공 부한 노력의 결실은 반드시 이루어짐을 의미한다.

현재 우리 사회에서도 평생교육이 보편화되고 있고, 공부하지 않으면 경쟁에서 살아남을 수 없다는 인식이 급증하고 있지만 당장 현실에 도 움이 되는 실용 영어나 자격증 등의 스펙 늘리기에만 급급하고 있다. 인 격을 수양하며 인간다운 삶을 살아가기 위한 인문학의 가치는 땅바닥 으로 추락한 지 이미 오래되었다.

'하버드대 박사의 한국 표류기'란 부제가 붙은《인생은 속도가 아니라 방향이다》의 저자 임마누엘 페스트라이쉬의 글을 읽으면서 내 자신이 너무 부끄러웠다. 한국 교육의 현실을 적나라하게 미국, 유럽, 일본 등 과 비교하면서 정확한 대안과 함께 한국인에 대한 진심 어린 충고의 말에는 눈물이 났다.

특히 창의적인 인재를 키우기 위한 교육보다 지식의 양을 주입하는 후진성 교육에서 빨리 벗어나야 함의 당위성과, 일본인들의 독서에 비해 지나치다 싶을 만큼 실용적인 공부만 하고 인문학에 대한 책을 읽지 않고 자기 성찰을 위한 독서에 전혀 관심이 없는 한국인의 미래에 대한 우려는 한국인에 대한 애정 그 이상의 한국 사랑이었다.

지천명의 나이를 넘기도록 한국에 살고 있으면서 저자보다도 더 한국을 모르고 살아온 내 자신에 대한 혹독한 반성을 하게 만든 외국인의 자전 에세이를 읽으면서 한국인으로서 많은 것을 생각하게 되었으며, 그의 냉정하고 깊은 통찰력에 공감이 갔다. 이런 학자가 한국에 진정 요한 인물이 아니던가? 그를 만날 기회가 된다면 진심이 담긴 차 한잔이라도 대접하고 싶다.

나이가 들어 몸은 늙어도 정신은 늙지 않아야 한다. 우리의 미래를 만드는 가장 좋은 방법은 책을 통해 그 미래를 만드는 것이다. 학력도, 기술도 아니다. 넘어야 할 건 현재의 자신이다.

착벽투광의 고사에서 보듯이 형편이 아무리 어렵고 힘들더라도 그것을 극복하는 용기는 책을 통해서 얻을 수 있다고 나는 믿는다. 최근 들어 "개천에서 용이 나던 시대는 지났다"는 말에 많은 사람이 공감을 하고 있지만, 그것은 자신감 없는 게으른 자의 변명일 뿐이라고 말한다면 시대착오적인 생각일까.

家若貧(가약빈)이라도

不可因貧而廢學(부가인빈이폐학)이오.

집이 만약 가난하더라도

그 가난으로 말미암아 배움을
그쳐서는 안 될 일이다.

家若富(가약부)라도

不可恃富而怠學(부가시부이태학)이니라.

집이 만약 부유하더라도

부유함을 믿고 배움에 게을러
도 안 될 일이다.

貧若勤學(빈약근학)이면

가난하여도 만약 배움을 부지
런히 한다면

可以立身(가이립신)이며,

富若勤學(부약근학)이면

능히 입신할 수 있을 것이며,

부유한 이가 배움을 부지런히
한다면

名乃光榮(명내광영)하리니.

이름이 더욱 빛날 것이다.

－《명심보감明心寶鑑》, 주문공朱文公의 권학문

捲土重來 견토중래

싸움에 패했다가 힘을 길러 쳐들어오다

어떤 일에 실패한 사람이 그 실패에 굴하지 않고 다시 힘을 쌓아 성공하는 일을 비유하는 고사성어가 권토중래捲土重來다. 당나라 말기의 대표적 시인 두목杜牧의 칠언절구《제오강정題烏江亭》에서 유래되었다.

두목은 항우項羽가 유방劉邦과 패권을 다투다 패하여 자살한 오강烏江에서 "승패란 병가에서 기약할 수 없는 일이니, 부끄러움을 안고 참을 줄 아는 것이 사나이라네. 강동의 젊은이 중에는 준재가 많으니, 흙먼지 일으키며 다시 쳐들어왔다면 어찌 되었을까."(勝敗兵家事不期 包羞忍恥是男兒 江東子弟多才俊 捲土重來未可知)라고 읊으며 아쉬워했다. 항우가 패전의 좌절을 딛고 훗날을 도모했다면 다시 한번 패권을 얻을 기회가 있었으리라는 아쉬움을 토로한 것이다. 여기서 유래한 권토중래는 한 번 실패한 사람이 그 실패에 굴하지 않고 다시 분기하여 성공하는 것을 비유하는 고사 성어로 사용된다.

성공한 사람들의 삶을 자세히 들여다보면 자신이 가치 있다고 생각하는 일에만 몰두하면서, 그 길을 향해 한눈팔지 않고 꾸준히 나아갔다는 사실을 알 수 있다. 쓸데없는 일에 시간과 정력을 낭비하지 않고 이루고자 하는 한 가지를 위해 끊임없이 노력했다.

〈만종〉, 〈이삭 줍는 여인들〉로 세계적으로 유명한 화가 밀레. 그가 그리는 그림은 주로 농촌의 전원 풍경이었다. 처음에 그의 그림은 높은 평가를 받지도 못했고, 미술전에 응모했지만 번번이 낙선의 고배를 마셔야 했다. 지독한 가난에 허덕이던 밀레는 매일 자신의 작품을 팔아서 장작을 구입하는 처지에다 배도 몹시 고팠다.

그러던 어느 날 그의 친구가 부자인 신사를 데리고 왔다. 그 부자는 가난한 농민을 그리지 말고 벌거벗은 몸을 전문으로 그리면 모든 작품을 구입하겠다는 제의를 해왔다.

잠시의 망설임 끝에 밀레는 부자의 제의를 거절하고, 계속해서 자신이 그리고 싶은 전원과 농부의 일상을 그렸다. 자신이 옳다고 믿는 바를 향해 예술혼으로 승화시킨 것이다. 그의 그림에서 신성하고 경건함이 느껴지는 것은 깊은 신앙심에서 비롯된 진실의 마음이 담겨 있었기에 가능하지 않았을까.

콜럼버스가 아메리카 대륙을 발견할 때도 마찬가지였다. 그는 여러

나라의 왕들을 찾아다니면서 자신의 소신을 밝혔지만 번번이 거절당했다. 하지만 결국은 자신의 의사를 관철시켰고, 항해 도중 부하들이 소동을 일으켜 죽을 고비를 여러 차례 넘겼지만 끝까지 소신을 굽히지 않고 자신을 믿고 행동했기에 우연의 산물로 오늘의 미국이 생겨났다.

일찍 뜻을 세우고 자신이 믿는 바를 향해 꾸준히 실천해 나가는 일이야말로 위대한 인간이 될 수 있는 원동력일 것이다. 각 분야에서 성공한 사람들의 일대기를 읽어 보면 모두 밀레와 같은 삶을 산 사람들이다. 전해지는 유명한 사람의 일화 속에는 이미 사람이 살아가야 할 삶의 길이 제시되어 있다. 하지만 대부분의 사람들은 이를 가볍게 흘려보낸다.

우리 이웃에도 한 가지 목표를 향해 신념을 가지고 꾸준히 한길로 나아가는 사람들을 종종 볼 수 있다. 이런 사람들이야말로 언젠가는 우리 사회에서 자신의 존재를 오랫동안 남길 수 있지 않을까.

지금 비가 내린다고 해서 햇살이 다시 비치지 않는 것은 아니다. 당장의 현실이 힘들더라도 자신과 타협하지 말고 원하는 바를 중단 없이 계속 나아갈 때 꿈과 희망의 결정체인 성공을 이룰 것이라고 본다. 고통과 슬픔은 잠시 스쳐 지나가는 것이다.

물 한 방울 없고 씨앗 한 톨 살아남을 수 없는 상황에서도 절망하지 않고 벽을 넘어서 자신을 극복하는 담쟁이의 생명력과 의지를 통해 인생의 의미와 성공하는 삶의 모습을 배워야 하지 않을까 싶다.

저것은 벽

어쩔 수 없는 벽이라고 우리가 느낄 때

그때

담쟁이는 말없이 그 벽을 오른다

물 한 방울 없고

씨앗 한 톨 살아남을 수 없는

저것은 절망의 벽이라고 말할 때

담쟁이는 서두르지 않고 앞으로 나아간다

한 뼘이라도 꼭 여럿이 함께 손을 잡고 올라간다

푸르게 절망을 다 덮을 때까지

바로 그 절망을 잡고 놓지 않는다.

저것은 넘을 수 없는 벽이라고 고개를 떨구고 있을 때

담쟁이 잎 하나는 담쟁이 잎 수천 개를 이끌고

결국 그 벽을 넘는다.

-도종환의 시 〈담쟁이〉 전문

自手成家

자수성가

스스로의 힘으로 일가를 이루다

물려받은 재산 없이 스스로의 힘으로 일가一家를 이루었을 때 흔히 자수성가自手成家했다고 한다. 스스로의 힘으로 사업을 이룩하거나 큰일을 이루었을 때 주로 쓰는 말이다.

국내 유명인사 중 대표적인 자수성가형 사업가는 삼성그룹 창업자인 고 이병철 회장과 현대그룹 창업자인 고 정주영 회장을 꼽을 수 있을 것이다.

중국인 리자청 회장은 서양에서 삼성그룹 창업자인 이 회장과 현대그룹 창업자인 정 회장보다 훨씬 더 유명하다. 리자청 회장이 유명하게 된 이유는 바로 자신의 청렴한 삶이 널리 알려졌기 때문이다.

홍콩섬 센트럴 청콩센터 빌딩 가장 위층인 70층에 집무실을 둔 리자청李嘉誠 청콩長江그룹 회장은 중국과 동아시아 전역에서 가장 부유한 인물이며, 중국인 중에서 세계 최대의 부자이다. 90세가 다 되어가는 나이임에도 세계의 500개가 넘는 기업군을 이끌면서 홍콩과 아시아의 살아 있는 상신商神으로 불리고 있다.

자수성가한 많은 사업가들 대다수가 그렇듯이 리자청 회장의 어린 시절도 매우 불우했다. 리자청의 아버지는 리자청이 어렸을 때 단 한 푼의 유산도 남기지 않고 폐병에 걸려 세상을 떠났다. 결국 리자청은 14세의 어린 나이에 가장이 되어 어머니와 두 동생의 생계를 책임져야 했다.

리자청은 중학교 1학년을 끝으로 학교를 중퇴하고 먹고살기 위해 찻집 종업원, 철물점 점원, 시곗줄 외판원, 플라스틱 제조회사 영업사원 등을 전전하면서 가족을 부양했다. 외판원으로 일할 때는 하루 평균 10시간 이상 걸었다. 동료들이 하루 8시간 일할 때 소년 리자청은 16시간씩 일을 하며 돈을 모았다. 마침내 그는 성실성과 영업 능력을 인정받아 간부급 사원이 되었다.

이후 1937년에 중일전쟁이 발발하게 되자, 리자청은 그동안 모았던 자신의 재산들을 버리다시피 하고 홍콩으로 이주했다. 홍콩에서 또다시 노력에 노력을 거듭하면서 자신이 구상해낸 청콩그룹의 모태를 완성해 나가기 시작한다.

1950년 여름, 리자청에게 인생을 바꿀 기회가 다가왔다. 당시 23세였던 리자청은 자신의 저금과 친척에게 빌린 5만 홍콩달러로 플라스틱 공장을 설립했다. 미래의 청콩그룹의 모태가 될 '청콩공업공사'가 발족한 것이다. 청콩이란 회사명을 지은 것은 중국에서 가장 긴 강인 양쯔강長江처럼 기업이 오랫동안 장대하게 번창하기를 바라는 마음에서 나온 것이었다.

공장을 설립한 뒤에는 플라스틱 완구와 간단한 일용품을 본격적으로 생산하기 시작했다. 하지만 창업 초기 많은 시련을 겪었다. 피땀을 흘리며 일했으나 부족한 자금과 낙후된 공장설비 때문에 고전을 면치 못했다. 탁월한 영업력을 발휘해 물품 주문을 받아도 불량품이 너무 많아 납기조차 맞추기가 어려웠다. 제품의 질을 최고로 생각했던 리자청은 품질에 문제가 있는 것은 양심상 납품을 할 수가 없었다. 불량품은 늘어나고 납품 날짜는 다가오고, 매일 밤낮으로 일해도 오히려 사업은 파산할 지경이었다.

이 같은 역경을 수없이 헤치며, 폭우가 쏟아지는 등 천재지변이 없는 한 매일 6시에 기상을 해서 출근했다. 이렇게 피땀 흘려 일한 덕분에 청콩그룹의 신화를 만들어냈다.

리자청 회장은 술은 한 방울도 마시지 않고 담배도 피우지 않는다. 낮잠을 자지 않는 것으로도 유명하다. 졸리면 인삼차나 진한 커피로 졸음을 없애며 업무에 매진했다. 저녁 약속은 거의 하지 않고 일찍 퇴근하는 습관으로 책 읽는 것을 수십 년 동안 실행할 수 있었다.

그가 차고 다니는 값싼 손목시계는 항상 8분 빠르게 맞춰놓고 있다고 하는데 모든 것을 한발 앞서 준비하는 시간 관념이 몸에 배인 탓이라고 한다. 지금도 고무밑창을 댄 낡은 구두를 신고 다니며 명품 브랜드는 하나도 없다. 늘 수수한 모습을 하고 다닌다.

리자청은 항상 낮은 자세로 부하직원들을 한 사람씩 보살폈으며, 특히 단체로 식사를 할 때도 주요 측근들만 이끌고 최고급 식당에 가서 밥을 먹는 것이 아니라, 자신이 가장 믿을 만하며 계급에 상관없이 일을 잘하는 사람들과 회사의 구내식당에서 식사를 같이 한다.

세계에서 가장 유명한 기업 중 한 곳인 청콩그룹의 창립에 이어서, 리자청은 중국 대도시에 수많은 대학교들을 세웠다. 베이징, 난징, 뤄양, 청두, 톈진, 광저우, 시안, 충칭, 홍콩 등 수많은 대학교들을 세워서 중국인들의 교육 활성화에 앞장섰다. 그리고 베이징에는 동양 최대의 규모를 자랑하는 광장인 동방광장東方廣場을 만들기도 했다.

스스로의 힘으로 성공하려면 준비가 필요하다. 특히 어떤 일에 실패하고 고난이 닥쳤을 때는 고통을 인내하면서 다시 찾아올 기회를 기다리며 준비를 해야 한다. 만일 준비가 되어 있지 않다면 기회는 다른 곳으로 가 버리고 만다. 기회를 잡으려는 자는 미래를 내다보는 혜안을 길러야 한다. 그러기 위해서는 리자청 회장이나 오프라 윈프리처럼 책 읽는 습관을 들여야 한다.

자수성가한 오프라 윈프리는 지금도 힘들고 지칠 때마다 그녀가 가장 좋아하는 흑인 영가 한 구절을 생각한다고 한다. 인생의 성공 여부가 온전히 개인에게 달려 있다는 오프라이즘 열풍을 일으킨 그녀의 삶도 리자청 못지않은 난관을 극복하고 세계적인 명성과 부를 획득하게 되었다는 사실을 기억하자. 자수성가한 사람들은 가난과 결핍의 혹독한 세월을 통해 인생 최고의 전성기로 발전시킬 수 있었다.

七顚八起

칠전팔기

일곱 번 넘어져도 여덟 번째 일어난다

칠전팔기七顚八起는 일곱 번 넘어져도 여덟 번째 일어난다는 뜻으로, 아무리 실패를 거듭해도 결코 포기하거나 굴하지 않고 계속 분투함을 비유적으로 표현한 말이다.

백 번 꺾여도 휘지 않는다는 뜻의 백절불요百折不撓도 칠전팔기와 뜻이 상통한다. 아무리 넘어져도 다시 일어선다는 의미를 사람들은 흔히 오뚝이에 빗대기도 한다. 실패를 거듭해도 뜻을 굽히지 않을 때 사람들은 백절불요를 말한다.

한나라 때 교현이라는 사람은 청렴하고 강직하며, 악을 원수처럼 미워하였다. 관직에 있을 때 부하가 법을 어기자 즉각 사형에 처하였다.

또 태중대부 개승蓋升이 황제와 가깝다는 것을 믿고 백성들을 착취한 사실을 적발하여 처벌하도록 상소하였으나 받아들여지지 않자 병을 핑계로 사직하였다. 나중에 황제가 태위太尉 벼슬을 내렸으나 응하지 않았다.

어느 날 교현의 어린 아들이 강도들에게 붙잡혀 가자, 양구陽球라는 장수가 즉시 관병을 데리고 구출하러 갔다. 그러나 관병은 교현의 아들이 다칠까 봐 강도들을 포위하고만 있을 뿐 감히 더 이상 손을 쓰지 못하였다.

이 사실을 안 교현은 "강도는 법을 무시하고 날뛰는 무리들인데, 어찌 내 아들을 위하느라 그들을 놓아준다는 말인가."라며 몹시 화를 내면서 빨리 강도들을 잡으라고 관병을 다그쳤다. 결국 강도들은 모두 붙잡혔으나, 교현의 어린 아들은 강도들에게 살해되고 말았다.

사람들은 이와 같이 몸을 던져 악에 대항하는 교현을 존경하였다.

나중에 채옹이 교현을 위하여 〈태위교공비太尉喬玄碑〉라는 비문을 지어 "백 번 꺾일지언정 휘어지지 않았고, 큰 절개에 임하여서는 빼앗을 수 없는 풍모를 지녔다."(有百折不撓, 臨大節而不可奪之風)고 칭송하였다. 여기서 유래하여 백절불요는 어떠한 어려움에도 좌절하지 않는 불굴의 정신을 뜻하는 고사성어로 사용되고 있다.

17세기 스페인의 가장 중요한 모랄리스트 작가로 유럽 정신사에서 특별한 영향력을 미친 그라시안은 "세상은 자신의 의지에 따라 변한다."고 말했다.

위대한 삶을 살거나 사회적으로 성공한 사람들을 보면, 과거의 악조건을 자신의 성장 동력으로 삼은 경우가 대부분이다. 문제는 자신이 어떻게 받아들이느냐에 달렸다.

절단할 뻔했던 다리로 올림픽 은메달의 자리에까지 오른 글렌 커닝엄의 모습을 통해 우리는 칠전팔기의 정신이 얼마나 아름다운 것인가를 깨닫게 된다. 글렌이 행한 불굴의 의지는 스포츠 역사에 기적을 만들었을 뿐 아니라 세계인들을 감동시킨 한 편의 드라마였다.

1936년 베를린 올림픽 육상 1500미터 부문의 은메달 리스트인 글렌 커닝엄이 초등학교를 다닐 때였다. 어느 추운 겨울 아침 글렌은 형과 함께 교실에서 난로를 피우고 있었다. 그런데 그만 석유통을 엎지르는 바람에 난롯불이 마룻바닥에 옮겨 붙었다. 그 사고로 글렌은 형을 잃고 온몸에 화상을 입었다. 글렌이 병원에서 깨어났을 때 의사는 화상이 심해 글렌의 다리를 절단해야 한다고 말했다. 그 말을 듣고 글렌은 평생 누워 살아도 좋으니 다리만은 자르지 말라고 소리쳤다. 그리하여 글렌은 수술을 받지 않았지만 침대에 누워 지내야만 했다.

어느 날 글렌은 문득 어머니에게 일어나고 싶다고 말했다. 아버지와 어머니가 양쪽에 붙어서 간신히 글렌을 일으켜 세웠을 때 그의 다리는 부서진 인형의 다리처럼 덜렁거렸다. 그날부터 글렌은 서는 연습을 했다. 몇 번이고 계속 쓰러지면서도 이를 악물고 일어났다. 글렌이 똑바로 일어설 수 있게 되었을 때 그의 부모들은 기대하지도 않았던 일이라 놀라움을 감추지 못했다.

글렌은 다시 걷기 연습을 했다. 아기 걸음처럼 간신히 한 걸음 한 걸음 떼어놓았던 걸음은 차츰 나아졌다. 글렌은 건강을 회복시킬 수 있는 일이라면 무엇이든지 열심히 했다. 어느 날 글렌은 다리를 튼튼하게 하려면 달리기를 하라는 글을 읽었다. 글렌은 주저 없이 달리기를 시작했다.

처음에는 달린다는 것이 쉽지 않았다. 그러나 그는 넘어지고 넘어지면서도 달렸다. 어디를 가든 그는 달렸다. 그렇게 달린 글렌은 학교에서 치른 달리기 시합에서 1등을 하고 이어 각종 육상경기에 나가 우승을 했다. 마침내 그는 미국에서 열린 1마일 달리기에서 세계기록을 세우기에 이르렀다.

헬렌 켈러는 "그들이 불가능하다고 수군댈 때 이미 그 불가능은 극복되었다."고 말했다. 고통이 닥칠수록 삶에 대한 의욕과 용기를 잃어버리면 안 된다. 자신의 존재 가치는 누가 가르쳐주지 않는다. 스스로 발견해야 하는 것이다.

禽困覆車

금곤복거

짐승도 궁지에 몰리면 수레를 엎는다

짧은 인생이지만 살다 보면 많은 고난과 고통이 따른다. 빚에 시달리거나 불의의 사고, 사기, 이혼, 취업, 질병, 불신, 학업, 유산 상속, 보증, 자식 문제 등의 수많은 어려움으로 고통을 겪게 되는 것이다. 하지만 실망하거나 절망을 느낄 필요는 없다. 모든 일에는 반드시 끝이 있기 때문이다.

《전국책戰國策》〈한책편韓策篇〉에 금곤복거禽困覆車 이야기가 나온다.

전국시대 진나라는 상수向壽를 시켜 의양을 평정하고 또 저리자와 감무에게 위나라의 피지를 치게 했다. 상수는 선태후의 일족으로 소왕과는 어려서부터 함께 자랐으므로 관리로 임용되었다.

상수가 초나라에 갔을 때 극진한 대접을 받았다. 상수는 진나라의 의

양을 지키며 장차 한나라를 치고자 했다. 이를 안 한의 공중치公仲侈는 소대蘇代를 시켜서 진의 상수에게 말하도록 했다.

"짐승도 궁지에 몰리면 수레를 엎어 버립니다. 그대는 한나라를 깨뜨리고 공중치를 모욕했지만, 그래도 공중치는 나라를 회복하여 진나라를 섬기며 안정시키면 스스로 다시 권력을 되찾아 봉지를 받으리라 기대하고 있습니다. 그런데 지금 그대는 초나라와 화해하고 소령윤小令尹에게 두양杜陽 땅을 봉하도록 했습니다. 진, 초 두 나라를 합하여 다시 한나라를 치려 하시니 한은 망하고 말 것입니다. 그러나 공중치는 몸소 사병이라도 거느리고 진에 대항하려 합니다. 원컨대 깊이 헤아려 주시기 바랍니다."

짐승도 궁지에 몰리면 사냥꾼의 수레를 엎어 버린다는 뜻으로 쓰이는 '금곤복거'는 약자도 기운을 내면 큰 힘을 낼 수 있음을 이르는 말이다.

인간에 대한 사랑을 직접 보여주기 위해 이 땅에 오신 예수 그리스도는 골고다 언덕의 사형대까지 걸어가는 동안 십자가를 지고 세 번이나 넘어졌다가 다시 일어섰다. 두려움 앞에서도 하나님을 믿고, 인간의 죄를 모두 십자가에 얹어 짊어짐으로써 죽음과 고통의 허무로 여겨지던 십자가를 부활의 표상이자 사랑의 십자가로 바꾸어 놓았다. 죄 많은 인간들이 십자가를 통해 주님의 행복과 축복을 누릴 수 있는 영롱한 세상으로 만든 것이다.

사람도 누구나 자기만의 십자가가 있다. 하나님의 자식들인 인간도 각자에게 주어진 십자가를 지고 믿음으로 나아갈 때 신의 은총과 함께 어려움이 해결될 것이다. 이는 그리스도인들뿐만 아니라 모든 사람들도 충분히 느낄 수 있는 소중한 선물이다.

모든 일에 끝이 있듯이 우리의 삶에도 반드시 끝이 있다. 고통과 고난을 극복하기까지 다만 시간이 걸릴 뿐이다. 인생의 목적은 끊임없는 전진과 도전에 있다. 인생을 항해하는 배가 풍파를 만나지 않고 조용히 갈 수는 없다. 험한 풍파와 고난 속에서 인생의 기쁨이 있는 것이다.

긍정적으로 생각하면 삶의 고난과 고통은 자기에게 주어진 행복일 수 있다. 힘들다고 고민할 필요가 없다. 행복에 가까울수록 힘이 들게 마련이다. 행복이나 불행을 느낄 수 있는 것은 자기만의 생각이지 지금 처한 환경은 결코 아니기 때문이다. 자신의 생각을 조종할 수 있다면 각자의 행복도 선택할 수 있는 것이다. 삶의 행복은 생각의 여부에 달려 있다.

세계문학사에 빛나는 소설 《돈키호테》를 쓴 세르반테스는 가난해서 교육도 못 받았고, 24세에 전쟁에 참가해 왼쪽 팔에 부상을 입어 불구가 되었다. 28세에는 적군의 포로가 되어 5년이나 고생했으며, 그동안 네 번이나 탈주하다가 실패하고 보석금으로 겨우 풀려났다. 38세에는 희곡을 썼으나 팔리지 않아 생활고로 세금 징수원이 되었지만, 영수증을 잘못 발행해 투옥되기까지 했다. 그런 그가 58세에 옥중에서 《돈키호테》를 썼다. 인생에서 실패밖에 없었지만 그 고통을 이겨내고 걸작을 쓴 것이다.

1906년 '드레퓌스 사건'에서 무죄 판결을 받은 드레퓌스도 아프리카 기아나의 적도 해안, 수형자들의 무덤이라고 불리던 디아블의 제일 꼭대기에 위치한 벤치에 홀로 앉아 사형 선고를 받았음에도 새로 살아갈 희망과 용기를 다졌다. 그리고 보복과 복수가 아닌 진정한 나를 찾기 위한 탈출을 감행했다. "인생을 낭비한 죄", "젊음을 방탕하게 흘려보낸 죄"를 속죄하기 위해 다시 시작할 자유를 찾은 것이다. 우리들 또한 "인생을 낭비한 죄", "젊음을 방탕하게 흘려보낸 죄"에서 예외일 수 있을까?

우리의 삶은 고통을 많이 겪을수록 행복도 더 많이 누리게 된다고 한다. 초봄에 비가 오지 않아야 식물들이 뿌리를 깊게 내려 여름의 태풍을 잘 견딜 수 있듯이 힘든 고통이 있을수록 고통 후에 느끼는 평화는 달콤하다.

아무리 힘든 삶의 고통도 곧 지나가게 마련이다. 자기에게 주어진 십자가를 말없이 받아들이고 묵묵히 나아갈 수 있을 때 고통 넘어 진정한 삶의 평화가 있다.

하늘은 여전히 푸르고, 태양은 변함없이 다시 떠오른다. 세상은 예전이나 지금이나 달라진 것이 없다. 신은 늘 인간에게 고통을 안겨주지만, 그 달콤한 고통을 통해 진정 행복이 무엇인지를 가르쳐준다.

水滴穿石

수적천석

물방울도 끊임없이 떨어지면 돌에 구멍을 뚫는다

북송 때 숭양 현령에 장괴애張乖崖라는 사람이 있었다.

어느 날 그는 관아를 돌아보다가 창고에서 황급히 튀어나오는 한 구실아치(관아의 벼슬아치 밑에서 일을 보던 사람)를 발견했다. 당장 잡아서 조사해 보니 상투 속에서 한 푼짜리 엽전 한 닢이 나왔다. 엄하게 추궁하자 창고에서 훔친 것이라고 했다. 즉시 형리刑吏에게 명하여 곤장을 치라고 했다. 그러자 구실아치가 장괴애를 노려보며 이렇게 말했다.

"너무 하지 않습니까? 그까짓 엽전 한 푼 훔친 게 뭐 그리 큰 죄라고."

이 말을 들은 장괴애는 화가 머리끝까지 치밀었다.

"이놈! 티끌 모아 태산이란 말도 못 들었느냐? 하루 한 푼이 천 날이면 천 푼이요, '물방울도 끊임없이 떨어지면 돌에 구멍을 뚫는다'고 했다."

장괴애는 말을 마치자마자 층계 아래에 있는 죄인 곁으로 다가가 칼을 빼어 목을 치고 말았다.

'물방울이 돌을 뚫는다'는 뜻의 수적천석水滴穿石은 한 방울의 물이라도 끊임없이 떨어지면 종래엔 돌에 구멍이 뚫리듯이, 포기하지 않고 끈기 있게 노력하면 큰일을 이룰 수 있음을 비유하는 말이다. 중국 송나라 나대경羅大經의 《학림옥로鶴林玉露》에 나오는 말로 우리나라의 속담 "낙숫물이 댓돌을 뚫는다"는 말과 같은 뜻으로 쓰는 고사성어이다.

해가 갈수록 부쩍 "포기하지 말라"는 말이 화두가 되고 있다. 삶의 무게가 무거우면 무거울수록 우리의 삶은 실제적이고 참된 것이 된다고 한다.

〈포브스〉가 선정한 미국에서 가장 부유한 400인 가운데 유일한 방송인이자 흑인, 재산 27억 달러(3조 5천억 원) 소유자, 25년간 쇼를 진행한 오프라 윈프리가 살아가는 삶의 십계명 중 마지막 계명은 '포기하지 마라'이다.

인생에서 그를 바꾼 것은 독서였다. 어린 시절 가난 때문에 방황을 겪은 그는 아버지의 지갑에서 몰래 훔친 단돈 3달러로 인해, 일주일에 한 권은 책을 읽자는 아버지의 권유로 독서를 시작했다. 그 후 책을 통해 자신의 인생에 가능성을 깨닫고, 결국 그의 인생은 변화했다. 기부와 나눔을 동시에 실천하는 기부 천사 오프라 윈프리는 세계 모든 소외된 여성들의 우상이 된 것이다. 그는 자서전에서 "과거에 매달려 앞으로 나아가지 못하는 것은 결코 나를 위한 일이 아니다."라고 했다.

조지 W. 부시 대통령 시절 백악관 국가장애위원(차관보)을 지냈던 강영우 박사도 "포기하는 것은 죽는 것이다."라고 했다.

어린 시절 공에 맞아 두 눈을 잃고 그 충격으로 부모님이 돌아가시고, 하나밖에 남지 않은 누나마저도 잃은 고아의 삶이었지만 포기하지 않고 모든 역경을 극복하고, 세상 사람들의 희망이 되었다.

췌장암에 걸렸다는 진단을 받고도 "저는 누구보다도 행복하고 축복받은 삶을 살아오지 않았습니까?"라고 반문하며 그의 부인과 가족, 가까운 지인들 그리고 세상과 담담하게 이별을 준비하고 있다는 소식을 지면을 통해 접했는데 2012년 2월 안타깝게도 유명을 달리하고 말았다.

그의 유고집《내 눈에는 희망만 보였다》가 출간되어 많은 사람들에게 겸손함의 위대함과 장애인의 인권을 위해 일하는 다른 사람들의 일화를 소개해 감동을 주었다.

〈추격자〉, 〈황해〉, 〈완득이〉 등에서 활약한 우리나라 최고의 영화배우 김윤석. 그가 지니고 있는 무기는 "영화가 개봉될 때까지 절대 포기하지 않는다."는 것이다. 어떤 상황이든 영화를 개봉하기 전까지는 완성도를 높이는 것을 포기하지 않았으며, 앞으로도 그럴 것이라는 그의 말에는 믿음이 듬뿍 담겨 있다. 나는 그가 성공한 뒤에 주연으로 나온 영화는 한 편도 보지 못했다. 〈타짜〉에 나오는 조연의 모습만 보았다. TV

인터뷰에서 "성공, 조급해하지 말라"는 그의 말에서는 성실함이 보였다. 마흔이 되어서야 첫 주연을 맡은 그의 모습에서 진정한 프로의 모습이 느껴졌다.

어학전문출판사 동양북스 김태웅 CEO는 2011년(50세)에 고등학교를 졸업한 후 성균관대에 입학했다. 그는 "돌아보지 마, 포기하지 마, 늦어도 괜찮아. 꿈을 꾸기에 늦은 나이란 없다."고 말한다.

산다는 것은 끝없는 준비와 연습의 반복이다. 생활과 생존 사이에서 끝없는 반복, 포기하지 않는 도전 속에서 이루어진다. 자기가 하는 일에 전심전력을 다하면서 끝까지 포기만 하지 않는다면 언젠가는 성공한다. 하지만 우리는 너무 쉽게 포기한다.

사무엘 베케트는 이런 말을 남겼다. "도전했는가? 실패했는가? 상관없다, 다시 도전하라. 다시 실패하라, 실패하면서 조금씩 개선하라."

영국 극작가 조지 버나드 쇼도 "성공한 사람은 힘차게 일어나 자신이 원하는 환경을 찾는다. 그리고 그런 환경을 찾을 수 없다면 직접 만든다."고 말했다.

누군가 말했듯이 포기는 단지 배추를 세는 단위일 뿐이다. 포기하지만 않고 인생 끝까지 당당하게 살다 보면 언젠가 또 기회는 주어질 것이라고 믿는다.

제 4 장
학 문 을 익 히 는 즐 거 움

學問

학문

배우고 묻다

최근 들어 우리나라를 비롯한 세계 경제가 계속 곤두박질치면서 우리 사회를 움직이는 사회적, 정신적인 구조에 문제가 있다는 의견이 지배적이며 대다수의 국민이 이에 공감하고 있다. 이는 어느 때보다도 지식인의 역할이 중요하다는 것을 보여줌과 동시에 그동안 제대로 하지 못했던 지식인의 역할에 대한 반성과 비판의 소리이기도 하다. 그 이유는 지식인이란 당대 사회의 근본개혁을 주도하는 존재이기 때문이다.

학문이 진리 탐구인가, 현실 참여인가에 대한 논란은 의미가 없어진지 오래다. 학문을 한다는 것은 삶의 근원적 이치를 다양한 분야에 접근하고 탐구하는 것이기에 학문한다는 그 자체는 이미 현실을 위한 것이다.

학문學問을 한자 표현대로 해석하면 '배우고 물음'으로 진정한 앎에 접근해 간다는 의미라 할 수 있다. '학'과 '문'을 구분해서 따져 보면 지식을 배우는 것이 '학'이고, 그 지식을 진정한 내 것으로 만들기 위해 의문을 갖는 것이 '문'이라 할 수 있다. 지식을 배울 때는 자신의 입장에서 되짚어 보는 자세가 매우 중요하다.

학문을 하는 목적은 사람마다 다양한 견해가 있을 수 있겠지만, 인격을 수양하고 살아가는 데 필요한 지혜의 제공 그리고 세상의 법칙에 대한 올바른 이해로 요약할 수 있다.

동양에서의 학문은 자기 완성을 위한 하나의 방법으로 수신修身과 같은 의미로 이해되어 왔다. 주희는 제자 〈자중에게 보내는 편지의 답장〉에서 "학문이란 성인의 가르침을 깨달아 무한히 성인을 닮아가는 것"이라고 말한다.

반면에 프란시스 베이컨은 "학문을 하는 것은 즐거움과 장식과 능력을 위해 도움이 된다."고 말한다. 한마디로 생활에 보탬이 되어야 한다는 말로 이는 실용적 성격이 강하다.

막스 베버는 학문하는 이유를 "모든 형태의 주술과 마법으로부터의 벗어남"이라고 말한다. 기술과 예측이 그것을 대신한다는 말이다. 이는 실용적 성격을 강조한 베이컨의 관점과 비슷하면서도 초점을 달리하는 것으로 세계(대상)의 이치나 법칙을 밝혀 합리화를 추구하는 것이라 할 수 있다.

조선시대 다산 정약용이 쓴 〈유배지에서 보낸 편지〉를 읽어 보면 먼저 세상을 탐구하는 존재론과 세계관에 대한 경학經學을 공부하여 밑바탕을 다진 후에 실용의 학문인 실학實學을 해야 한다고 말하고 있다. 이는 경학과 실학 모두가 중요함을 의미한다.

다산은 거기에서 그치지 않고 한 걸음 더 나아가 만백성과 만물에 대한 공경심과 사랑이 있어야 하며 그럴 때 비로소 인위적이 아닌 자연스런 마음에서 우러나오는 학문을 실천할 수 있다고 주장한다. 애민정신과 공리주의 사상을 그 뿌리에 두고 있는 것이다.

동시대를 살았던 실학자 연암 박지원이 쓴《열하일기》에는 수레에 대한 이야기가 나온다. 수레를 이용하지 못하여 백성들이 겪는 불이익을 예로 들며, 말만 할 뿐 실천하지 않는 사대부의 학문하는 자세를 비판하고 현실과 동떨어진 학문은 무익하다고 지적한다. 이는 실용적인 것을 중요시하는 태도라고 할 수 있다. 하지만 두 실학자가 말하는 학문의 목적지는 결국 백성들의 윤택한 삶이다.

요즘 젊은이들은 컴퓨터에 대해서는 많이 알고 있으면서도 철학에 대해서 물어보면 대부분 말이 없다. 이는 인문학에 대한 관심보다는 실용적인 학문에 더 많은 관심을 두고 있다는 뜻으로, 진리탐구적인 학문보다는 현실적인 학문을 우선시한다는 뜻이다.

당장 취업하기가 어렵고 경제적으로도 힘든 사정이다 보니 대학을 지원하는 학과도 취업이 손쉬운 이공계를 선호하고 있고, 상대적으로 인문계를 지원하는 학생들은 인기가 줄어들고 있는 추세에 있다.

그동안 현실에 우선한 과학기술의 끝없는 발달로 인해 삶이 편리해진 사이에 우리는 자신도 모르게 목적을 달성하기 위한 가장 효율적인 방법만 취하는 도구적 이성으로 생각이 바뀌어 가고 있다.

현실에 충실해서 온갖 기술은 발전시켜 놓았으나 그것을 다스릴 마음이 부족한 현대사회의 해결책으로는 정약용의 생각이 답이 될 수도 있을 것이다. 학문은 우리의 삶에 궁극적으로는 도움이 되어야겠지만, 그 바탕은 정신적 수양에 두는 정약용의 학문에 대한 자세를 본받아야 한다.

聞斯行諸

문사행저

들으면 곧바로 실천해야 합니까

조선시대 서당에서 가르친 교육은 세 가지로 강독講讀, 제술製述, 습자習字였다. 강독 교육은 배운 글을 소리 높이 읽고 그 뜻을 묻고 답하는 것으로 학동들에게 자율 학습과 반복 학습을 강조함으로써 스스로 의미를 깨닫게 하는 문리文理를 터득하는 것을 중시하였다.

서당 교육은 나이에 상관없이 철저히 능력별로 학습 과제가 주어지고, 자기 진도에 맞게 학습하고, 함께 모여 앉아 학습이 이루어지기도 하고, 때로는 훈장과 학동이 일대일로 개인 지도가 이루어졌다.

제술 교육은 주로 시문詩文을 지었다. 시문을 낭송하면서 실제 시를 짓는 연습을 했다. 또한 정기적인 시작詩作 행사로서 경시대회, 백일장 등이 있었다.

습자 교육은 일상생활에서 필요한 실용적인 내용보다 문자 이해를 위한 것에 중점을 두었다. 처음에는 해서를 많이 연습시켜 어느 정도 익숙해지면 행서, 초서도 익히게 했다. 습자는 정기적으로 열리는 전시회에서 평가했다.

공자는 배우는 사람의 자질과 성격을 잘 파악하여 그에 맞게 공부를 가르쳐 주었다. 그래서 교육의 효과가 매우 높았다.

《논어論語》〈선진先進편〉에 보면 제자들의 성향에 맞춰 가르치는 공자의 학습 방법이 나온다.

어느 날 자로가 공자에게 물었다.

"좋은 가르침을 들으면 곧바로 실천해야 합니까?"(子路 問, 聞斯行諸)

공자가 대답했다.

"아버지도 계시고 형님도 계신데, 어찌 들었다고 그것을 곧바로 실천해야 하겠느냐? 반드시 그분들께 여쭈어보고 행동해야지."

자로가 나가고 조금 있다가 염유가 들어와서 공자에게 물었다.

"선생님, 좋은 가르침을 들으면 곧바로 실천해도 되겠습니까?"

공자가 대답했다.

"아무렴, 좋은 가르침을 들으면 곧바로 실천해야 하고말고."

염유가 나간 뒤 공자를 모시던 공서화가 이상하다는 듯 물었다.

"선생님, 이상합니다."

"뭐가 이상하다는 말이냐?"

"자로가 '좋은 가르침을 들으면 곧바로 실천해야 합니까?' 여쭈었을 때는 아버지와 형님께 알리고 나서 실천하라고 하셨으면서, 염유가 여쭈었을 때는 곧바로 실천하라고 하셨으니 말입니다. 두 사람이 같은 질문을 했는데, 어째서 반대로 대답하시는 겁니까?"

"옳아, 그래서 이상하다는 말이구나. 왜 그렇게 했느냐 하면 말이지. 염유는 너무 소극적이라 격려하려고 한 것이고, 자로는 너무 적극적이라 성질을 눅여주려고 한 것이다."

자로는 성격이 적극적이며 용맹해서 군사 분야에서 뛰어난 재능을 발휘했고, 염유는 세심하고 꼼꼼하며 소극적인 성격에 맞게 세무 회계와 같은 분야에서 재능을 발휘했다. 자로는 성질이 조급하고 무슨 말을 들으면 성급히 구는 경향이 있기에 항상 공자에게 제지를 당했고, 염유는 성품이 소극적이어서 당연히 실행해야 할 일을 들어도 주저하는 일이 많았으며 자기가 섬기는 계씨를 위해 너무 각박하게 세금을 거둬들여서 공자에게 호된 꾸중을 들었다.

이처럼 공자는 제자들의 성격과 장단점을 잘 파악하여 장점은 살리고 단점은 보완하여 교육하고 이끌어가는 원칙이 있었다. 한 가지 방법을 누구에게나 똑같이 실천하라고 강조하는 고루한 방식을 쓰지 않고 때와 장소, 경우와 상대에 따라 가르침을 달리한 것이다.

옛날의 서당 교육과는 달리 현재 학교에서 행해지는 교육 방법은 교사 주도적인 일방적인 주입식 위주로 이루어지고 있다. 그러다 보니 학습능력이 못 미치는 학생들은 소수로 학생들을 가르치는 학원 교육에 의지할 수밖에 없는 것이 현실이다.

孟母斷機

맹모단기

맹자의 어머니 베틀에 건 날실을 끊다

'자녀 교육'이라 하면 맹자 어머니가 생각날 것이다. '맹모삼천지교'의 일화 외에도 '맹모단기孟母斷機'의 고사는 널리 알려져 있다. 맹자의 어머니가 유학 도중에 돌아온 맹자를 훈계하기 위해 베틀에 건 날실을 끊었다는 뜻으로, 학문을 중도에 그만두는 것은 아무 쓸모가 없다는 말이다.

집을 떠나 타향에서 공부하던 어린 맹자가 어느 날 느닷없이 집에 돌아왔다. 어머니가 보고 싶었기 때문이다. 이때 맹자의 어머니는 베틀에 앉은 채 맹자에게 물었다.

"그래, 글은 얼마나 배웠느냐?"

"별로 배우지 못했습니다, 어머님."

맹자가 대답하자 어머니는 짜고 있던 베의 날실을 끊어 버리고 이렇게 타일렀다.

"네가 공부를 중도에 그만두고 돌아온 것은 지금 내가 짜고 있던 이 베의 날실을 끊어 버린 것과 다를 게 없다."

크게 깨달은 맹자는 다시 스승에게 돌아가 전보다 더욱 열심히 공부하여 마침내 공자에 버금가는 명유名儒가 되었다.

위대한 인물을 살펴보면 그 뒤에는 반드시 위대한 어머니가 있었다. 한 나라의 동량棟梁을 키우는 것은 어머니의 손에 달렸다고 해도 과언이 아니다. 아이들을 가르치면서 가끔씩 학부모를 만나다 보면 맹자나 신사임당 같은 어머니 생각이 많이 난다.

과거에 비해 많이 공부를 한 요즘의 어머니들이 많이 배우지 못했던 과거의 어머니들보다 더 자녀 교육에 대한 철학이 없다. 그러다 보니 그 틈에서 아이들만 죽을 고생을 하고 있는 것이 현실이다. 실력은 늘지 않고 이 학원, 저 학원 유명한 강사를 찾아다니며 아이들에게 혼란만 가중시킨다.

교육은 동전 몇 백 원으로 자판기 커피를 뽑아 마시듯 되는 것이 아니다. 문제는 자기의 아이들을 다른 집 아이들과 비교하는 데 있다. 남들과의 비교보다는 현실을 직시하고, 아이의 수준에 맞는 학습으로 흥미를 유발하는 것이 중요하다. 당장의 가시적인 결과보다는 몇 년 앞을 내다보는 지혜가 필요한 것이다. 어머니의 교육 철학이 뚜렷해야 아이들도 혼들리지 않고 나아갈 수 있다.

학문은 하루아침에 이루어지지 않는다. 아이에게 당장 눈앞에 나타난 결과로만 다그치기보다는 아이를 믿고 꾸준히 계획을 실천하도록 도와주는 역할을 하는 것이 무엇보다도 중요한 것이다. 공부를 무조건 강요하기보다는 공부를 해야 하는 당위성에 대해 자주 이야기를 나누며, 힘들 때 핀잔이나 꾸중보다는 격려와 믿음을 주는 말 한마디가 더 소중하다.

TV를 끄고 부모가 먼저 책이든 신문이든 독서하는 모습을 보이며 함께 공부하는 분위기만 조성된다면 자녀들의 교육 때문에 고민하는 일은 저절로 사라질 것이다. 지금이라도 늦지 않다. 이 세상의 것 무엇이든 늦은 법이란 없다.

연초에 계획했던 일들이 잘 지켜지고 있는지 되돌아보고 자신을 반성하는 기회가 많아져야 느슨했던 마음을 조금이라도 다잡을 수가 있다. 세상을 살다 보면 쉬운 것이라고는 하나도 없다. 정성과 노력 없이 결과를 기대하는 사람만큼 어리석은 사람은 없다.

훌륭한 자식은 부모의 정성으로 빚어진 예술의 극치다. 아성亞聖 맹자는 저절로 위대하게 된 것이 아니다. 그 뒤에는 맹자보다 훌륭한 어머니의 지극한 정성이 있었기에 가능한 것이었다.

助苗長 苗則槁

조묘장 묘즉고

모를 억지로 자라게 하면 모는 말라버리고 만다

학생들을 가르치다 보면 자주 학부모로부터 받는 질문이 있다. "어떻게 하면 글을 잘 쓸 수 있습니까?"라는 것인데, 그 질문의 진의를 파악해 보면 오랜 시간을 투자하지 않고 단기간에 글을 잘 쓰는 방법이나 요령을 묻는 것으로 이해할 수 있다.

학문뿐만 아니라 모든 분야에서도 마찬가지겠지만, 한 분야에서 인정을 받으려면 10년 정도 꾸준히 노력해야 가능하다고 전문가들은 말한다.

《맹자》의 〈공손추〉 상편에 이런 이야기가 나온다.

송나라에 한 농부가 있었다. 그는 논에 벼가 너무 느리게 자라는 것이 답답했다. 어느 날 논으로 달려가 한 포기 한 포기씩 싹이 자라기 시작하는 모를 쑥쑥 뽑아 올렸다. 집으로 돌아오니 너무 피곤하여 식구들에게 말했다.

"벼가 자라게 도와주느라 오늘은 몹시도 피곤하구나."

아들이 황급히 논으로 달려가 보니 벼는 모두 말라 죽어 있었다.

'모를 억지로 자라게 하면 모는 말라버리고 만다'는 조묘장助苗長, 묘즉고苗則槁, 조장助長이란 말이 여기서 유래되었다고 한다. 성공을 서두르다 도리어 해를 봄을 비유적으로 이르는 말로, 곡식의 싹을 뽑아 올려 성장을 돕는다는 뜻이다. 사물의 정상적인 순리를 따르지 않고 인위적으로 힘을 보태 발전을 앞당기는 것을 말한다. 이 이야기의 송나라 농부는 제 딴에는 벼가 성장하는 데 도움을 준다고 생각했지만 오히려 일을 망쳤다.

우리 교육이 부실한 것은 국가의 교육제도에도 문제가 있지만 송나라 농부처럼 부모의 책임도 크다. 다른 아이들보다 더 빨리 많이 가르치려고 서로 경쟁을 하다 보니 이런 문제가 생기는 것이다. 우리말도 익숙하지 않은 아이를 조기 영어 교육이니 수학이니 하면서 힘들게 한다.

다중지능이론으로 유명한 심리학자 하워드 가드너는 '10-10-10 법칙'을 주장한다. 창조적인 인간의 대명사로 불리는 쇼팽, 베토벤, 피카소, 아인슈타인 등을 오랫동안 연구한 결과, 창의성을 발휘하려면 10년은 숙성을 시켜야 하고, 10년 동안 숙성된 것은 10년간 능력을 발휘하고,

발휘한 능력은 10년 동안 다른 분야로 확산된다는 것이다.

말콤 글래드웰의 《아웃라이어》에서도 '1만 시간의 법칙'을 강조한다. '아웃라이어Outlier'는 정상을 벗어났다는 의미다. 빌게이츠, 비틀즈 같은 비범한 인재들도 1만 시간(1만 시간 = 하루 3시간 = 일주일 20시간 = 10년)을 연습했다고 한다.

스톡홀롬대학교 앤더스 에릭슨 박사도 '10년 법칙'을 주장했다. 어떤 분야에서 최고 수준의 성과와 성취에 도달하려면 10년 정도는 사전 준비를 해야 한다는 것이다. 이처럼 기적이란 천천히 이루어지는 것이다.

그런데도 우리나라 학부모들은 단순한 기능이 아닌 공부마저도 속성으로 해결하려 한다. 이런 학부모의 조급함을 이용하여 사교육이 동조함으로써 교육의 부실을 낳고 있는 것이 현실이다. 수요가 있는 곳에는 항시 공급이 따르기 마련이다.

가족의 사랑이나 또래 친구들과 어울려 사회성을 습득하고, 자연 속에서 마음껏 뛰놀면서 감성을 익혀야 할 나이에 부모의 욕심 때문에 이성적 사고로 공부에만 파묻히게 하는 것은 이제 막 나오는 싹을 뽑아 올려 제대로 자라는 것을 방해한다.

글을 쓰는 것도 마찬가지다. 꾸준히 책을 읽고 그에 대한 생각을 많이 하면서 글로 써보는 것이다. 그런 후에 기술적인 방법을 추가해서 익힌다면 좋은 글을 쓸 수 있다.

최근 공부하는 직장인들이 많아지고 있다. 공부하는 직장인을 샐러던

트라고 한다. 샐러리맨과 스튜던트의 합성어로 직장에 다니면서 새로운 분야를 공부하거나 현재 자신이 종사하는 분야에 대한 전문성을 높이기 위해 끊임없이 공부하는 사람들을 일컫는 말이다.

우리 사회에서 공부하는 사람들이 늘어난다는 것은 평생교육의 중요성을 절감하는 사람들이 많아지고 있다는 증거이기에 바람직한 일이다. 이제는 평생직장보다는 평생직업을 찾기 위해서 평생공부를 해야 하는 시대가 되었다.

나도 몇 년 전부터 10년 계획을 세워 동양 유학을 공부하고 있다. 몇 년 되지는 않았지만 갈수록 내공이 쌓이는 것을 스스로 느끼고 있다. 배우는 기쁨은 가르치는 기쁨에 비할 바가 못 된다. 더 나아가 배우며 가르치는 기쁨은 한층 더 즐거움을 준다.

이 세상에는 그저 얻을 수 있는 것은 없다. 배움에는 서두름보다 게으르지 않고 꾸준히 노력하는 자만이 목표에 도달할 수 있는 것이다. 글쓰기에도 특별한 방법은 없다고 본다. 동서양의 고전을 두루 섭렵하고, 깊은 사색과 함께 꾸준한 습작이 있어야 가능하다.

富翁借牛

부옹차우

부자 늙은이 소 빌려주기

 학문이나 예술은 죽을 때까지 해도 끝이 없다. 우리의 삶도 마찬가지로 모르는 것을 지속적으로 배우고 알아가는 과정이다. 모르는 것이 자랑은 아니지만 그렇다고 부끄러운 일도 아니다. 하지만 모르면서 아는 체하는 것이 무식한 것보다 더 위험하다.

 《논어》의 〈위정편爲政篇〉에는 공자가 제자에게 안다는 것이 어떤 것인지를 가르쳐주는 대목이 나온다.

 "자로야, 내가 너에게 아는 것에 대하여 가르쳐 주겠다. 아는 것을 안다고 하고, 모르는 것을 모른다고 하는 것이, 이것이 아는 것이니라."

 (子曰 由 誨女知之乎인저 知之爲知之오, 不知爲不知 是知也니라)

중국 고전 《광담조廣談助》에 모르면서도 아는 체하다가 망신당하는 부자 늙은이 이야기가 있다.

낫 놓고 기역 자도 모르는 부유한 늙은이가 있었다. 한번은 그가 거실에서 손님과 이야기를 나누고 있었는데, 어떤 사람이 밭을 갈려고 하니 소 한 마리를 빌려 달라는 편지를 보냈다.

부자는 자기가 글자를 모른다는 사실을 들키지 않으려고 편지를 펴서 중얼중얼 대충 읽고 난 척하더니 고개를 끄덕이며 시자에게 말했다.

"알았어. 잠깐 기다리게. 내가 직접 갈 테니."

곁에 있던 사람들은 그 말을 듣고 입을 가리며 속으로 실컷 웃었다.

우화 속의 부자는 돈은 많지만 낫 놓고 기역 자도 모르는 일자무식이니 그 답답한 심정은 말로 표현할 수 없었을 것이다. 가난에 대한 설움도 크지만, 못 배운 설움도 그에 못지않다. 부자는 경제적으로 넉넉하니 배우려고 마음만 먹는다면 얼마든지 배울 수 있었을 것이다.

그러나 배우지는 않고 부자 체면에 무식하다는 것을 감추기 위해 글자를 모르면서 아는 체했다. 운이 좋아 넘어갈 수도 있었겠지만 언젠가는 본래의 모습이 드러나기 마련이다. 공자의 말처럼 아는 것을 안다고 하고, 모르는 것을 사실대로 말했다면 놀림감은 되지 않았을 것이다.

대다수의 사람들이 학창 시절이나 취업 준비 시에는 누구나 열심히 공부를 한다. 하지만 학교를 졸업하거나 취업을 하고 나서는 자기 계발을 위해 공부를 하거나 교양을 쌓기 위해 공부를 하는 경우는 그리 많지 않다. '독서신문'에서 밝힌 우리나라 성인의 독서량은 1년에 1권 정도라는 사실만 보더라도 충분히 짐작할 수 있다.

책은 내면의 경험을 풍부하게 해줄 뿐 아니라 자신을 위로해주고 성찰할 기회를 주며, 자신에게 즐거움을 줄 수 있는 값진 선물이다. 나이가 들수록 책을 읽고 공부를 해야 세상과 자녀들과의 소통도 되고, 공부하는 모습을 보여줌으로써 존경심도 높아진다.

박경철은 《자기혁명》에서 "우리가 일생을 통해 독서를 해나간다는 것은 언젠가 새로운 기회를 만날 씨앗을 뿌리는 행위이며, 나를 준비된 사람으로 만들어 가는 과정"이라고 독자들에게 충고한다.

우리는 살아가면서 세상에 대해 할 말이 있어야 한다. 그게 바로 문제를 던지는 것이고, 그게 자신만의 시각이다. "물음이 없는 삶은 살아도 죽은 것"이라고 어느 책에선가 읽은 적이 있다. 세상에 대해 제대로 알지도 못하면서 대충 아는 체하면서 살아가는 사람들이 많아지면 우리 사회는 문제가 생긴다. 마치 '부자 늙은이 소 빌려주기'처럼 말이다.

桑東
榆隅
非已
晚逝

상유비만 동우이서

소년기는 이미 지났지만 만년이라도 늦지 않다

　삼십여 년 전만 하더라도 환갑을 넘기는 사람이 그다지 많지 않았다. 생존 기간이 그만큼 짧았기 때문에 인생 이모작은 꿈을 꿀 수도 없었다. 그래서 청소년 시기의 결정이 어느 때보다 중요했다.

　혜민 스님은 에세이 《멈추면 비로소 보이는 것들》에서 "오늘 나의 불행은 언젠가 잘못 보낸 시간의 보복이다."라고 말한다. 시간의 보복이란 뭔가 해야 할 때 하지 못하고 그때를 놓치는 것, 그것이야말로 가장 두려운 시간의 보복을 잉태하는 길이 될 것임을 충고한다. 젊은 시기의 결정은 그래서 중요하다.

　중국 동진, 송나라 때의 시인 도연명의 시에 이런 구절이 나온다.

　"원기 왕성한 나이는 거듭 오지 않고 하루에는 두 번 새벽이 없다. 때에 이르러 마땅히 힘쓰라. 세월은 사람을 기다리지 않는다."

젊은 시절에는 남보다 먼저 출세할 뜻을 세우고 목표를 달성하기 위해서 누구나 열심히 노력한다. 하지만 청운의 꿈은 쉽게 이루어지지 않고, 대부분은 자신의 꿈을 포기하고 현실과 타협하면서 살아간다. 그러다가 세월이 한참 흐르고 나이가 들면 그제야 젊은 시절에 최선을 다하지 못한 후회가 뼈를 깎는 고통으로 남는다.

지금은 백세시대가 되었다. 이처럼 생존 기간이 늘어나다 보니 젊은 시기의 잘못된 결정으로 놓친 실수를 만회할 기회가 생긴 것이다. 살다 보면 사람이나 기업이나 변곡점에 설 때가 있다. 우리의 삶에서도 급상승과 급하강이 갈리는 변화의 시작 순간이 다가온다. 이때 한순간의 결심으로 승자와 패자가 갈라지는 것이다. 경쟁의 사회는 항상 승자와 패자가 존재하기 마련이다. 그러나 젊은 시절의 실수를 경험 삼아 다시 도전할 수 있는 기회가 주어진다는 것은 엄청난 행운이 아닐 수 없다.

당의 문장가 왕발王勃이 쓴 《등왕각서騰王閣序》에는 '동우이서東隅已逝, 상유비만桑楡非晚'이라는 글귀가 나온다. 이를 우리말로 풀이하면 '소년기는 이미 지났지만 만년이라도 늦지 않다'는 뜻이다. 나이가 들어도 열정을 가지고 새로운 사업을 시작하는 분들이나 만년에 공부를 시작하는 사람들을 볼 때면 저절로 머리가 숙여진다. 머리가 희끗하고 눈은 어두워져 글씨가 가물가물한데도 새로운 것에 도전하여 이루고자 하는 열정 하나만은 젊은이들 못지않다. 연륜의 숫자를 되돌릴 수는 없다. 그러나 어떤 일에 의욕을 가지고 실천할 수 있다면 그 의욕과 실천력이 실질적인 나이를 의미한다고 본다. 비록 젊은 시절 이루지 못했던 꿈이었지만, 나이가 들어서 이룰 수 있는 것들도 무수히 많다.

나이 들어서 하는 일의 보람과 즐거움은 그것을 느껴 보지 않고서는 말할 수 없다. 지는 해가 나뭇가지에 걸려 있는 만년의 나이지만 무엇을 하고자 하는 데 늦은 법이란 없다. 오히려 뒤따라올 세대를 위한 등불이 되어 희망의 싹을 심어주는 것이다.

스피노자는 "내일 지구의 종말이 온다고 할지라도 오늘 한 그루의 사과나무를 심겠다."고 하지 않았던가. 나이가 들어 열정적으로 살아가는 삶의 모습은 자신에게도 도움이 될 뿐만 아니라 가까이는 바로 내 자식과 손자의 거울이 된다.

내가 공부하는 고전연구실에 고전을 공부하는 분들 중에는 나이 드신 분들이 많다. 단 한 사람도 칠판에서 시선을 떼지 않는 모습을 보면서 노후를 보내는 아름다움이야말로 바로 이런 것이라는 생각을 하게 된다. 똑같은 시간을 배워도 젊은 사람보다 더 많이 척척 알아내는 데에는 저절로 존경심이 생긴다.

'마부작침'이란 고사가 있듯이 끊임없이 노력하면 큰일을 이루지 못할 것이 없다. 나이가 무슨 대수이랴. 누구나 하면 된다. 단지 생각에만 그치고 실천에 옮기지 못하는 게 문제일 뿐이다. 젊든 나이가 들었든 간에 무슨 일이든 너무 오랫동안 미루지 말 것. 그래야 시간의 보복을 당하지 않고, 젊은 시절 한 번의 실수 정도는 만회할 수 있는 기회를 잡을 수 있지 않겠는가.

修己學人
수기학인

자신을 먼저 닦고 남을 가르쳐라

우리 교육의 현실을 한마디로 말한다면 암울하다. 그 원인은 가정과 학교, 사회구조의 총체적인 문제에서 찾을 수 있겠지만 그중에서도 학교라는 현장에서 제자들과 매일 만나는 스승(교사, 교수)의 역할은 아무리 강조해도 지나치지 않다.

공자의 사상을 계승 발전시킨 맹자는 군자에게는 세 가지 즐거움이 있는데 그중 하나가 "천하의 영재를 얻어서 교육하는 것"(得天下英才 而敎育之)이라고 했다. 이는 자기가 갖고 있는 것을 다른 사람에게 베푸는 즐거움으로, 즐거움을 혼자만 누리는 것이 아니라 남과 함께 하기를 바라는 것이다.

하지만 맹자가 살던 시대와는 달리 현대는 제자가 학교에서 배우는 것은 스승이 지식을 가르쳐주는 존재이기보다는 스승이라는 한 인간이다. 강의 노트에서 베껴낸 지식은 책 속에 얼마든지 있다. 지식을 전하는 것도 중요하지만 그보다는 살아가는 데 무엇이 중요하고, 그것을 스스로 판난할 수 있는 능력을 길러주는 것이 진정한 교육이라고 생각한다.

산을 오르는 사람들의 기쁨은 산 정상을 정복했을 때 가장 크다고 한다. 그러나 최상의 기쁨은 올라가는 순간인 것이다. 스승의 역할은 제자들에게 몇 개의 수학 공식을 외우게 하는 데 있는 것이 아니라 스승의 행동에서 삶의 기준을 스스로 깨닫게 하는 데 있는 것이 아닐까.

영국의 대학교수는 그 나라의 장관 이상의 정신적인 대우를 받고 있다고 한다. 교수들은 강의 시간만이 아니라 늘 학생들과 접하며 일상생활을 같이 하고 있다. 말을 바꾸어 한다면 학생들은 사회적으로 인정받고 있는 교수들과 늘 함께 함으로써 지식뿐만 아니라 인간의 모든 것을 배우게 된다는 것이다.

유대인의 지도자 랍비들도 사람들의 의식을 일깨워주는 지도자로서의 모습을 심어주려고 애쓰는데 그 모습의 특징은 지적, 정신적, 윤리적인 것이다. 랍비는 교사로서 전해주고자 하는 가치관을 스스로 본보기로 제자들에게 보여준다고 한다.

미국 카네기멜런대 컴퓨터 공학과 교수로 있다가 췌장암으로 세상을 떠난 랜디 포시는 죽기 직전 그의 마지막 강의에서 이런 말을 남겼다.

"시간은 당신이 가진 전부다. 그리고 언젠가 생각보다 시간이 많이 남지 않았다는 사실을 알 것이다."

스승의 길을 택한 사람이라면 무엇보다도 제자들이 올바르게 살아가
도록 자신을 온몸으로 보여주는 삶이어야 한다. 우리의 교육 현실이 지
금은 비록 암울하지만 스승이 제자들 앞에서 최선을 다하는 모습을 보
이면서 서로 접촉하며 실천으로 본보기가 되어준다면 머지않은 미래에
우리 교육의 모습도 달라질 것이고, 스승을 존경하는 본래의 위상도 회
복할 것이다.

앞서 나가는 자, 그중에서도 스승의 역할은 참으로 외롭고 힘들다. 자
신의 행동 하나하나가 제자들에게는 길이고, 보고 따라갈 이정표이기
때문이다. 그런데 갈수록 자신을 닦고 남을 가르치는 수기학인修己學人의
모습보다는, 공부하지 않고 남을 가르치려는 불학교인不學敎人이 많아지
고 있음은 심히 걱정스러운 일이다. 제자들의 신뢰를 받고 존경을 받고
싶다면 우선 스승이 신뢰를 받고 존경받을 만한 면모를 갖춰야 된다.

과학기술 이전에 인문학을 강조하며 학문의 통섭을 강조하는 생물학
자 이화여대 최재천 교수는 "배우는 줄 모르면서 배우는 것만큼 훌륭한
교육은 없다."고 말한다.

스승의 역할을 제대로 해내기는 결코 쉽지 않다. 하지만 많이 알면 사
랑하게 되고, 사랑을 가지고 나아간다면 스승의 당당한 삶의 모습을 본
제자들도 스승을 믿고 따를 것이다.

우리 속담에 "솔 심어 정자를 만든다"는 말이 있다. 짧은 인생에서 효

과를 얻기는 멀다는 뜻으로 쓰인다. 그러나 우리 교육의 미래는 결코 어둡지 않을 것이라고 확신한다. 지금도 제자들에게 희망의 빛을 밝혀주는 등대의 역할을 하고 있는 스승은 곳곳에 여전히 남아 있기 때문이다.

何不炳燭

하불병촉

촛불이라도 밝히는 것이 낫다

고전은 낡은 것 같지만 들춰 보면 살아 움직인다. 한순간도 쉬지 않고 솟아나는 샘물 같은 것이다.

동양 고전에는 지나치게 재물을 탐하는 사람들에 대한 경계의 말들이 자주 나온다. 이는 주어진 인간 본심으로 살면서 과욕을 부리지 않는 것이 현명한 삶을 사는 방법이라는 가르침을 준다.

과거보다 물질적으로 풍요로워진 요즘에도 사람들은 여전히 재물을 탐하고, 의식주 문제의 해결에서 벗어나기 위해 살고 있다. 대부분의 시간을 재물 모으는 것과 의식주 문제에 허덕이다 한 번뿐인 인생을 마감한다.

인간이 동물처럼 단순히 의식주의 해결만을 위해 사는 것이라면 얼마나 삶이 비참한가? 뛰어난 사고의 힘을 가진 존재이자 만물의 영장이라 자처하는 인간이 축생과 같은 삶, 배부르게 먹고 편안한 것에 만족하면서 산다면 매우 불행할 것이다.

오늘을 살아가는 우리는 무엇인가 잘못된 길을 가고 있다. 그러면서도 일상에 매몰되어 스스로의 삶을 되돌아보지 못하고, 한 번뿐인 인생을 망치며 산다. 이제는 각자의 분수를 지키며, 주어진 본분을 알고, 자연의 순리대로 살면서, 후손들에게는 재산보다 정신을 물려주는 지혜로운 삶을 살아야 하지 않을까.

중국 전한시대의 경학가인 유향이 쓴《설원說苑》에는 '하불병촉何不炳燭'에 관한 고사가 나온다.

어느 날 진나라의 평공이 저명한 음악가이자 장님인 사광과 이야기를 나누고 있었다. 평공이 한숨을 쉬며 말했다.

"나는 올해 벌써 일흔이 되었소. 공부를 하고 싶지만 이미 때가 늦은 것 같소."

사광이 웃으며 말했다.

"왜 촛불을 밝히지 않으십니까?"

평공이 침통한 표정으로 기분이 상해 말했다.

"신하인 선생이 감히 군주인 나를 놀리는 거요?"

사광은 황급히 일어나 절하고 말했다.

"앞도 보이지 않는 제가 어찌 감히 임금님을 놀릴 수 있겠습니까? 소년 시절의 배움은 떠오르는 태양처럼 선명하고, 청년 시절의 배움은 한낮의 햇빛처럼 밝고, 노년의 배움은 촛불 같다고 합니다. 그러나 촛불이라도 밝혀 들고 길을 가는 것이 어둠 속을 더듬으며 가는 것보다는 낫지 않겠습니까?"

그 말을 들은 평공은 고개를 끄덕였다.

"참으로 옳은 말이요."

나이가 많아지면 시력과 정력, 기억력 등이 모두 감퇴하므로 젊은 사람보다 배우기가 쉽지 않다. 그래도 배움을 포기하기보다는 배우는 것이 낫다. 밤길을 그냥 가는 것보다는 촛불이라도 밝히고 가는 것이 현명하기 때문이다.

크리스 가드너는 영화 〈행복을 찾아서〉의 실제 주인공으로 지하철 노숙자에서 월 스트리트 백만장자로 변신에 성공했다. 그는 인생의 교훈《늦었다고 생각할 때 해야 할 42가지》에서 이렇게 조언한다. 늦더라도 원하는 바를 이루기 위해서는 "맹견처럼 상대의 허벅지를 물고 그가 아는 모든 것에 숙달할 때까지 놓지 않는 태도를 가지는 광기에 가까운 충실함이 필요하다."고.

맹자가 쓴《맹자》의 〈고자장구告子章句〉 상편에는 제자인 공도자公都子가 스승 맹자에게 이런 질문을 하는 부분이 나온다.

"같은 사람인데 어떤 이는 대인이 되고, 어떤 이는 소인이 되는 것은 어찌 된 까닭입니까?"

맹자는 이렇게 답한다.

"대체大體(마음, 뜻)를 따르려고 하는 이는 대인이 되고, 소체小體(물질, 욕망)를 따르려고 하는 이는 소인이 되느니라."

대인은 마음을 따르려고 하고, 소인은 입·귀·눈·수족이 하려는 대로 따르려고 한다는 것이다.

현대인들 대부분이 소인의 삶을 살고 있다고 해도 과언이 아니다. 육신을 편안케 하는 것은 게으름과 태만밖에 남는 게 없다. 육신이 힘들고 고통스러워야 정신이 얼음처럼 투명해진다. 나이가 들수록 공부를 해야 정신 건강에도 좋고, 자식과 손자에게는 공부하는 모습을 보여줄 수 있어 정신적 가치를 일깨워줄 수 있다고 본다.

늙을수록 배움을 나이 탓으로 돌리는 소인의 삶에서 벗어나 대인으로서의 삶을 살아야 한다. 그러기 위해서는 죽을 때까지 꾸준히 배우고 익히기를 멈추지 말아야 한다. 그래야 현명한 삶을 살 수 있을 것이기 때문이다.

青出於藍 _{청출어람}

<u>푸른색은 쪽빛에서 나온다</u>

예수는 "제자는 스승보다 나을 수가 없고, 좋은 상전보다 나을 수가 없다."고 말했다. 이와는 달리 "푸른색은 쪽에서 취했지만 쪽빛보다 더 푸르고 얼음은 물이 이루었지만 물보다 더 차다"는 청출어람靑出於藍이란 말도 있다. 이는 제자가 스승보다 더 나음을 이르는 말로써 흔히 제자가 스승보다 뛰어난 경우에 청출어람의 준말인 출람出藍이라는 말과 함께 자주 쓴다.

청출어람의 고사는 전국시대의 유학자로서 성악설을 창시한 순자荀子의 《권학문勸學篇》에 나온다.

"학문이란 중지할 수 없는 것이다. 푸른색은 쪽에서 취했지만 쪽빛보다 더 푸르고, 얼음은 물이 이루었지만 물보다 더 차다. 군자는 널리 배우고 날마다 거듭 스스로를 반성하면 슬기는 밝아지고 행실은 허물이 없어지는 것이다. 그러므로 높은 산에 올라가지 않으면 하늘이 높은 줄을 알지 못하고 깊은 골짜기에 가 보지 않으면 땅이 두꺼운 줄을 알지 못하는 법이다. 마찬가지로 선비는 선왕의 가르침을 공부하지 않으면 학문의 위대함을 알 수 없는 법이다."

학생들을 가르치다 보면 여름철 비 온 뒤 풀밭에 잡초가 크듯이 아이들의 지식 수준도 날로 쑥쑥 자라는 것을 보게 된다. 스승의 입장에서 볼 때 제자들의 훌륭한 성장이야말로 더없이 간절한 소망일 것이다. 제자가 스승보다 뛰어나야 국가의 밝은 미래를 기약할 수 있고, 선조들이 땀과 희생으로 일구어놓은 이 땅에서 부끄럽지 않은 삶을 살 수가 있다.

"제자가 스승보다 나을 수가 없고, 좋은 상전보다 나을 수가 없다."는 말을 듣고 있으면, 학생들을 가르치는 한 사람으로서 제자의 앞길을 스승이 꽉 막고 있는 듯한 느낌을 받는다. 그러나 이 말을 좀 더 적극적으로 생각해 보면 꼭 틀린 말은 아닌 것 같다.

모든 인간은 교육으로 만들어진 산물이며, 우리가 살고 있는 자연과 사회(가정, 학교, 이웃, 직장) 등은 모든 교육의 요소이며 스승인 것이다. 사람이 제아무리 박식하다 하더라도 교육 이상의 것은 되지 못한다. 그리고 진리는 곧 상전이다.

아무리 유능한 사람이라도 모든 진리를 찾아낼 수는 없다. 예수님의 말 한마디 속에는 학문하는 사람들이 자만심을 버리고, 늘 겸허하라는 충고의 메시지가 담겨 있다.

또한 순자가 말한 '청출어람'처럼 학문이란 끊임없이 계속되는 것이므로 중지해서는 안 되며, 청색이 쪽빛보다 푸르듯이 얼음이 물보다 차듯이 스승을 능가하는 학문의 깊이를 가진 제자가 반드시 나타나야 할 것이다. 아울러 스승은 학문하는 자세의 겸손함을 잊지 않아야 진정한 스승이 될 수 있다.

그동안 바쁘다는 핑계로 읽지 못했던 책 한 권 정도는 읽는 넉넉한 여유가 있었으면 좋겠다. 한유韓愈가 아들의 독서를 권장하기 위해 지은 시 〈부독서성남시符讀書城南詩〉 한 구절을 음미하면서 말이다.

時秋積雨霽 시추적우제 때는 가을이 되어, 장마도 마침내 개이고
新凉入郊墟 신량입교허 서늘한 바람은 마을에 가득하다
燈火稍可親 등화초가친 이제 등불도 가까이할 수 있으니
簡編可舒卷 간편가서권 책을 펴보는 것도 좋지 않겠는가

讀書尚友

독서상우

책을 읽어 성현들과 벗한다

통계청이 발표한 2015년 상반기 가구당 월 도서 구입비는 17,727원이다. 그것도 참고서나 교재 등 학습서까지 포함한 수치라고 하니 가히 우리 국민의 독서 수준을 알 만하다. "책보다 빵 사는 데 돈 더 썼다"는 기사를 대하면 왠지 마음이 안타까워지는 것은 나만 느끼는 감정은 아닐 것이다.

평소에 나는 사람은 독서에서 시작되고 독서로서 완성된다고 믿고 있다. 16세기 철학자 프란시스 베이컨은 자신의 저서 《신기관》에서 "인간의 지식이 인간의 힘"이라고 말했다.

흔히 사람들은 책을 읽지 않는 국민은 그 나라의 미래가 어둡다는 말도 한다. 세계를 제패한 알렉산더 대왕은 33세의 나이로 세상을 떠났을 때 그의 손에는 《일리아스》가 들려 있었다고 하며, 유민 홍진기維民 洪璡基 선생의 평전 《이 사람아 공부해》에서는 읽는 자만이 발전하고 공부하는 자만이 살아남는다고 책의 가치를 언급한다.

책을 읽어 성현들과 벗한다는 독서상우讀書尙友는 어제오늘에 생긴 말이 아니다. 세상의 경쟁에서 살아남으려면 반드시 독서를 해야 하는 것이다.

일찍이 정약용 선생은 두뇌 속에 숨어 있는 지혜의 문을 활짝 열게 하는 것을 목적으로 독서를 해야 한다는 '문심혜두'를 독서법으로 언급하기도 했다. 역사에 위대한 족적을 남긴 사람들은 하나같이 독서광이었다는 사실을 상기해야 한다.

공자는 《주역》을 반복해서 읽어 끈이 세 번 떨어졌다는 '위편삼절'이라는 고사성어를 남겼고, 세종대왕은 《구소수간》을 1,100번 읽고 눈을 감고서도 암기했다고 전해진다. 영조 임금은 《소학》을 100번 반복 독서를 했다고 하며, 율곡 이이도 친구 성혼의 말에 의하면 '사서四書'를 각기 아홉 번 반복해서 읽고 나서 《시경詩經》을 수없이 읽었다고 한다. 우암 송시열도 《맹자》를 1,000번 넘게 독서했으며 앞부분은 수천 번을 읽었다고 전해지고, 고봉 기대승은 《고문진보》를 수백 번 읽은 후 내용을 전부 외웠다고 한다.

책은 인간의 두뇌를 혁명적으로 바꾸어 준다. 책보다 좋은 친구가 없다고 하지 않는가? 책은 그냥 두면 종이 뭉치에 불과할지 모르지만 책 읽는 사람에게는 그 속에서 모든 것을 찾을 수 있는 신비한 요술램프와 같다.

가계가 어려워지면서 문화비, 그중에서도 책값을 줄이는 것이 책 구입이 낮아지는 원인이라고 한다. 하지만 그럴수록 더 많은 책을 읽어야 어려움을 슬기롭게 극복할 수 있다. 컴퓨터 게임과 영상매체가 갈수록 늘어남으로써 책이 멀어지고 있는 현실에서, 삶에 강한 정신력을 키우는 것은 독서를 통해서만이 가능한 일이라고 우긴다면 지나친 주장일까.

《책, 열 권을 동시에 읽어라》의 저자 나루케 마코토는 "책을 읽지 않는 사람은 원숭이"라고 했다. 책을 읽지 않는 사람은 지식이 없고, 상상력이 빈곤한 데다, 자기만의 철학이나 주장도 있을 리 없으므로 그저 남의 생각을 자기 생각인 양 앵무새처럼 반복하거나 남의 행동을 따라 하기 바쁘다는 것이다. 원숭이도 인간을 곧잘 따라 한다고 말하면서 책 읽지 않는 사람을 심하게 힐난하고 있다.

프랑스의 유명한 미식가 브리야 사바랭은 "어떤 음식을 말해 보라. 그러면 당신이 어떤 사람인지 맞혀 보겠다."는 말을 남겼다. 베이컨도 독서를 음식에 비유했다. "어떤 책은 맛만 보고, 어떤 책은 삼켜 버리고, 어떤 책은 잘 씹어서 소화시켜야 한다." 이는 책에도 그대로 적용되는 말로 독서도 훈련이 필요하며, 어떤 책을 읽는지 알면 그가 어떤 사람인지 정확히 알 수 있다는 것이다.

사람이 살아 있다는 하나의 증거는 '달라지는' 것이다. 자신을 변화시

키는 최고의 즐거움을 누리는 길은 물질적인 빵이 아니라 뭐니 뭐니 해
도 정신적인 독서만 한 것이 없다고 본다. 빵은 육체를 보존하는 양식이
지만 책은 정신을 살찌우는 영양분이다. 우리의 삶은 육체보다 생각이
앞서야 인간답게 살 수 있다. 그것만이 금수와는 다른 인간만의 고유한
특성이기 때문이다.

富者因書貴
부자인서귀

부자는 독서로 귀하게 된다

무지한 사람이 밑바닥 생활을 전전하면서 힘들게 돈을 모아 부자가 되는 경우가 내 주위에는 더러 있다. 이런 사람들의 공통된 특징은 자신의 내적 부족함을 외적인 것으로 보상받으려는 심리를 가지고 있다는 점이다. 또한 이런 사람일수록 빈곤한 지식인을 대하는 태도를 보면 경멸적이다.

그리고 경제적 능력이 부족한 사람 앞에서는 자신의 외적인 부분, 가진 것에 대한 자부심을 노골적으로 드러내며 과거에 고생했던 때를 망각한다. 일례로 유명인사와 골프를 쳤다거나, 식사를 같이 했다거나, 전망 좋은 곳에 별장을 지었다거나, 해외여행에서 돈을 얼마 썼다는 등의 물질적인 천민의식을 과시하는 것이다.

문제는 이런 사람들을 구제할 수 있는 방법이 별로 없다는 것이다. 이런 자들은 공부를 하거나 책을 보는 것, 교양을 쌓기 위한 강좌 등에는 도무지 관심이 없기 때문에 의식 자체를 바꾸기가 하늘에 별 따기만큼이나 어렵다. 이런 부류의 사람들은 자신이 고생해서 돈을 모았건, 부모가 고생해서 물려준 재산으로 졸지에 부자가 되었건 간에 우리 사회에서 가장 쓸모없는 불쌍한 인생을 사는 사람들이다.

이런 사람들은 대개 남들이 자기를 부러움의 대상으로 생각할 거라고 착각을 하고 있지만, 실제는 동정의 대상이라는 사실을 잘 알지 못한다. 무지한 사람이 돈을 많이 갖게 되면 대다수가 자신의 분수를 망각한다. 그것은 큰 죄악이다.

무지한 부자 밑에서 일하게 되는 선량한 사람은, 분수를 아는 부자 밑에서 일하는 것보다 훨씬 더 정신적·육체적 고통이 따른다. 그 이유는 무지한 부자는 자신이 행하는 일이 분수에 벗어난 일인지를 모르기 때문이다. 세상에는 무지한 부자들이 현명한 부자들보다 대체로 많다. 무지한 부자를 죄악이라 부르는 것은 자신 밑에서 일하는 모든 사람들을 한 인간으로 대하기보다는 물질적인 소유물로 대하기 때문이다.

이런 무지한 부자를 구원하는 방법은 진정한 아름다움이 무엇인지를 알게 하는 일이다. 진정한 아름다움이 무엇인지 알게 될 때, 비로소 무지한 부자들의 무리 속에서 벗어날 수 있기 때문이다. 성서에 "부자가 천국에 들어가기는 낙타가 바늘구멍을 통과하는 것만큼이나 어렵다"는 말은 아름다움이 무엇인지 진실로 깨닫는 데 있다.

가을 낙엽은 봄여름의 고통이 클수록 더 아름다운 색깔을 드러낸다. 사람도 마찬가지다. 인생에서 심한 고통을 참고, 스스로의 무지를 극복한 자의 일생은 아름답다 못해 숙연하다.

부자가 되기 위해 젊은 시절을 모두 바쳤거나 부모의 노력으로 졸지에 부자가 된 사람들은 자신을 닦을 공부의 기회를 다시 찾아야 한다. 나이가 들어도 배워야 하는 것이다.

중국 북송시대의 정치가였던 왕안석은 "가난한 사람은 독서로 부자가 되고 부자는 독서로 귀하게 된다."(貧者因書富 富者因書貴)고 했다. '이 나이에 무슨 책을 읽고, 공부를 한단 말인가?' 하는 생각은 쓰레기통에 과감히 던져 버려야 한다. 그래야 늦었지만 주변으로부터 사람대접 받으며 동정의 대상에서 벗어날 수 있다.

일본의 시바타 도요 할머니는 90세에 처음 시를 쓰기 시작해 2013년 102세의 나이로 세상을 떠나기 전까지 세상을 아름답게 노래하며, 살아 있음에 감사하는 시를 썼다. 99세에 출간된 그의 시집 《약해지지 마》를 읽고 있으면 나이를 먹는 행복감이 그대로 느껴진다.

인생이란 언제나 지금부터라는 말이 있듯이 순간 속에 살면 모든 근심 걱정이 없어진다는 말은 그를 두고 하는 말인 것 같다. 백 살이 넘도록 싱그러운 봄바람과 같은 감성을 지니며, 사랑을 꿈꾸는 할머니의 시를 읽으면 나도 그와 같은 삶을 살고 싶은 용기가 솟는다.

저기, 불행하다며
한숨 쉬지 마

햇살과 산들바람은
한쪽 편만 들지 않아

꿈은
평등하게 꿀 수 있는 거야

난 괴로운 일도
있었지만
살아 있어서 좋았어

너도 약해지지 마

-시바타 도요의 시 〈약해지지 마〉 전문

그가 나를 보고 부드러운 목소리로 "너도 나처럼 살 수 있을 거야."라는 용기를 준다. 또한 그의 시를 읽고 있으면 글은 깨달음의 기록이라는 말이 실감 난다.

무지한 부자들도 늦지 않다. 배움에는 나이가 중요하지 않다. 지금 부터라도 당장 배워서 진정한 삶의 아름다움이 무엇인지 깨달아야 한다.

論語耽讀

논어탐독

논어를 읽고 느끼다

다산 정약용은 1801년 귀양길에 올라 유배지인 경상도 장기(포항시 장기면)에 도착했다. 7개월 정도 유배 생활을 하면서 읊은 시 〈기성시〉 27수와 〈장기농가〉 10장을 비롯한 여러 편이 현재 남아 전해지고 있다.

이때 쓴 서간문으로는 유일하게 전하는 것이 '두 아들에게 부치노라寄二兒'이다. 짧은 편지글 속에는 귀양길에 오르면서 느끼는 이별의 회포, 가신 이에 대한 그리움, 두 아들에 대한 당부가 담겨 있다.

특히 두 아들에게 전하는 간절한 당부의 말은 독서에 전념하라는 말이다. 장기를 떠나 강진에 유배된 뒤에도 유배지에서 보낸 편지에서 독서만이 살아나갈 길이라고 두 아들에게 끊임없이 채찍질하고 있다.

"내가 밤낮으로 빌고 원하는 것은 오직 문장(큰아들 학유의 아명)이 열심히 독서하는 일뿐이다. 문장이 능히 선비의 마음씨를 갖게 된다면 내가 다시 무슨 한이 있겠느냐? 이른 새벽부터 밤늦게까지 부지런히 책을 읽어 이 애비의 간절한 소망을 저버리지 말아다오. 어깨가 저려서 다 쓰지 못하고 이만 줄인다."

다산이 다산초당에서 귀양살이할 때의 18 제자 중의 한 사람이며, 다산의 외척이었던 윤종문(자는 혜관)에게는 사람과 짐승의 차이를 예로 들며 독서에 힘쓸 것을 절절히 당부하고 있다. 특히 "육경六經이나 여러 성현들의 글을 모두 읽어야 하나 《논어》만은 종신토록 읽어야 한다."고 당부하며 "만약 따뜻이 입고 배불리 먹는 데에만 뜻을 두고서 편안히 즐기다가 세상을 마치려고 한다면 죽어서 시체가 식기도 전에 이름은 벌써 없어지는 자가 될 것이니, 이는 금수일 뿐이다. 금수와도 같은데도 원할 것인가."라며 제자에게 독서 한 가지 일만은 게을리하지 말 것을 간곡하게 당부하고 있는 것이다.

다산이 쓴 〈유배지에서 보낸 편지〉를 읽으면서 문득 떠오른 사람이 있었다. 지금은 고인이 되셨지만, 포항여성회관 관장으로 근무하면서 서예가로 왕성한 활동을 하셨던 운향雲香 조우정 선생이었다. 그는 생전에 "사람으로 태어나서 《논어》 공부 한 번 못 해 보고 죽는 사람은 억울해서 어떻게 눈을 감을까요."라고 자주 말씀하셨다.

운향 선생과 나는 개인적으로는 공직에 같이 근무했고, 명예퇴직도 같은 날에 했던 인연이 있다. 평소에 고고한 인품을 지니시고, 삶에 모범을 보이셨던 운향 선생은 포항시에 근무하는 많은 공직자들의 존경을 받으셨던 분이었다. 퇴임식을 한 날은 함께 기념 촬영을 한 뒤, 선생께서 운영하시는 서실에 들러 차 한잔을 나누며 귀한 덕담을 듣기도 했다. 운향 선생을 통해 가끔씩 《논어》의 구절을 들으면서도, 살아계시는 동안에는 관심을 가지지 않았다.

그런데 이제는 그분의 말을 대신해서 내가 전하고 다닌다. 그동안 많은 사람들의 우리말 해석본 《논어》는 여러 권 읽었지만 원문으로 된 《논어집주》를 읽어 본 적은 없었다. 지난해부터 《논어》의 원문을 직접 해석하면서 그 뜻을 음미하며 공부할 수 있어서 기쁘기 한량없다.

《논어》 공부를 하는 날은 왠지 마음이 설렌다. 다산 선생도 자식에게 많은 책을 읽도록 하시면서도, 종신토록 읽어야 할 책은 《논어》라고 하지 않았던가. 목천木泉 선생께서 쓰신 논어에 관한 한시 〈독 논어유감〉을 감상하며 《논어》를 공부하는 즐거움에 혼자 빠져 본다.

耽讀平生論語書 탐독평생논어서 평생토록 논어 책을 즐겨 탐독하면서

學而時習暫無餘 학이시습잠무여 공부하며 익히느라 여가가 없었다오.

中尼布德崇仁義 중니포덕숭인의 중니는 덕을 펴고 인의를 숭상했고

顔子安貧食榮蔬 안자안빈식채소 안자는 가난을 편히 여겨 채소를 먹었네.

忠孝傳承垂敎訓 충효전승수교훈 충과 효를 전승해서 교훈을 드리웠고

綱常正立振名譽 강상정립진명예 강상과 오상을 정립하여 명예를 떨쳤네.

一言一句如金貴 일언일구여금귀 말 한마디 문장 한 구절이 금같이 귀하니

竹帛文章敢不除 죽백문장감부제 대와 명주에 문장을 새겨 감히 조금도 빠

　　　　　　　　　　　　　　　　　　　뜨리지 않아야겠네.

-이목천의 시 〈독 논어유감讀 論語有感〉 전문

讀書百遍意自見

독서백편의자현

글을 백 번 읽으면 그 뜻이 저절로 나타난다

독서백편의자현讀書百遍意自見은 책이나 글을 백 번 읽으면 그 글이 담고 있는 속뜻이 저절로 이해된다는 뜻으로, 《삼국지》 〈위서〉 13권 '종요화흠왕랑전種繇華歆王朗傳'에 배송지裴松之, 372~451가 주注로 덧붙인 동우董遇의 고사에서 비롯된 말이다.

여기서 백 번이란 그 뜻을 알 수 있을 때까지 되풀이해서 읽는다는 것을 나타내며, 이로써 이 말은 무엇이든 끈기를 가지고 노력하면 목적하는 바를 이룰 수 있다는 뜻으로도 쓰인다.

동우는 후한 말기 헌제獻帝, 재위 189~220 때부터 삼국시대 위의 명제明帝 조예曹叡, 재위 227~239 때까지 활동했던 학자로서 자는 계직季直이다. 그는 어려서부터 유달리 학문을 좋아하여 늘 옆구리에 책을 끼고 다니며 독서에 힘을 쏟았다.

그는 《노자老子》나 《좌전左傳》에 주注를 달았는데, 특히 《좌전》에 대한 그의 주석註釋은 널리 알려져 당시대까지 폭넓게 읽혔다고 한다. 그가 《좌전》에 주석을 써 넣을 때 붉은 빛깔의 주묵을 사용했는데, 이때부터 '주묵朱墨'이라는 말이 어떤 글에 대한 주注나 가필加筆, 첨삭添削을 뜻하게 되었다고 전해진다.

그는 후한 헌제 때인 건안(196~220) 초년에 효렴孝廉으로 천거되어 황문시랑黃門侍郞이 되었으며 헌제에게 시강侍講을 하여 신임을 받았다. 위명제 때는 시중侍中과 대사농大司農의 벼슬에 이르렀다.

학문에 대한 동우의 명성이 높아지자 그에게 배우겠다는 사람들이 각지에서 몰려들었다. 하지만 그는 그들을 선뜻 제자로 받아들이려 하지 않았다. 어떤 사람이 배움을 청하자 그는 "마땅히 먼저 백 번을 읽어야 한다. 책을 백 번 읽으면 그 뜻이 저절로 드러난다."(必當先讀百遍, 讀書百遍其意自見)며 사양했다.

그 사람이 "책 읽을 겨를이 없다."(苦渴無日)며 다시 가르침을 청하자, 동우는 "세 가지 여가만 있으면 책을 충분히 읽을 수 있다."(當以三餘)고 답했다. 옆에서 듣던 사람이 삼여三餘, 곧 세 가지 여가가 무엇인가를 묻자, 그는 "겨울은 한 해의 여가이고, 밤은 하루의 여가이고, 오랫동안 계속해 내리는 비는 한때의 여가."(冬者歲之餘, 夜者日之餘, 陰雨者時之餘也)라고 대답했다.

좋은 책을 곁에 두고 반복해서 읽으면 자신도 모르게 그 책 속의 인물을 닮아가게 간다. 나는 책은 최고의 친구라고 생각한다. 외로울 때면 외로움을 달래주고, 기쁠 때는 기쁨을 함께 하고, 힘들 때는 용기를 북돋워주고, 나의 지식을 인정해주고 확인시켜주는 유일한 친구이기 때문이다.

세상에 태어나 가장 잘한 일은 책을 친구로 사귀었다는 것이다. 오랜 친구, 새 친구, 다양한 분야의 친구가 있어서 내 삶이 윤택하고 평화롭고 행복하다. 그 어떤 사람도 대신해줄 수 없는 내 영혼을 치유해주고, 삶의 고통에서 벗어나게 해주는 친구. 책 친구가 있어서 너무너무 일상이 감사하다.

아내는 방 안에 박혀 책만 읽지 말고 밖에 나가 대화가 되는 친구를 사귀라고, 집 안에서 책만 보는 내가 짜증 난다고 말하지만 책을 읽고 있으면 세상 어떤 것도 부럽지 않으니 어쩌란 말인가? 책은 오랜 나의 벗이다. 책 속에서는 고인도 친구가 되고 산 사람도 친구가 되고, 아이 어른 할 것 없이 마음만 먹으면 친구가 되고 대화를 나눌 수 있으니 이 얼마나 좋은가.

그런데도 아내는 골방 샌님이 되지 말고 세상 사람과 두루 사귀어 인간관계를 넓히라고 한다. 그 말에 전적으로 동감하지만 책만큼 정직한 친구가 없기에 그를 사랑할 수밖에 없다. 책은 영원히 마르지 않는 샘물과 같다. 나는 영원히 변치 않는 친구들을 매일 만날 수 있어서 즐겁고 기쁘다. 책은 펼쳐서 가르침을 얻게 되면 스승과 만나는 것이고, 교감하게 되면 친구와 만나는 것이다.

그러다가 책을 덮으면 쉬거나 상상력의 세계에 빠져드는 것이다. 책은 중독성이 없는 중독성의 세계다. 때로는 책으로 덮인 감옥 속으로 나를 완전히 유폐시키고 싶다. 마키아벨리는 "이 세상에서 가장 무서운 것은 삶의 권태다."고 했다. 하지만 독서만은 삶을 충만하게 하는 에너지이다. 사람과 사람 사이에는 심연이 존재한다. 그 간극을 메워주는 것이 바로 책이다.

노르웨이의 작가 헨릭 입센은 "이 세상에서 가장 강한 인간이란 고독한 인간이다."고 했다. 키에르케고르는 자신의 존재를 고독에 비유하면서 "모두가 줄 속에 똑바로 서 있는데 자기만 혼자서 거꾸로 서 있는 오식"이라 했으며, 니체는 한 술 더 떠서 "고독은 나의 고향이다."고 했다.

누구도 고칠 수 없는 인간의 원초적인 절대 고독을 이해할 수 있는 친구가 책이다. 책을 오랫동안 친구로 삼은 사람은 가장 지적인 사람이 되는 것은 물론이고 어떤 일에도 동요하지 않는 산처럼 산다.

한 번 주어진 우리의 삶. 겉으로는 수평선처럼 평온하되 머릿속에는 언제나 용광로가 펄펄 끓어야 한다. 그러기 위해서는 평생을 곁에 둘 수 있는 몇 권의 책을 친구로 사귀어 두고두고 만난다면 이 또한 즐거운 삶이 아니겠는가.

詩 시

왜 시를 배우지 않는가

한시漢詩를 창작하기 위해서 반년 가까이 공부를 했지만 생각보다 쉽지 않은 것 같다. 이제 겨우 한시란 이런 것이고, 이렇게 창작하는 것이구나 하는 정도의 감만 익혔다고나 할까.

한시를 자유자재로 창작하기 위해서는 우선 한자가 지닌 여러 가지의 뜻을 알아야 하고, 필요한 한자들을 자유자재로 끌어다 문장으로 표현할 수 있어야 한다. 거기에다 운자에 맞게 쓰는 법칙을 익혀야 쓸 수 있는 것이다.

한시의 문장을 창작하는 기초라고 할 수 있는 《천고담天高談》을 끝냈는데도 여전히 한시 한 수도 지을 수 없다는 데 자괴감이 앞선다. 하지만 우리 선조들이 남겨주신 《천고담》에서 익힌 아름다운 시문은 살아가는 데 활력소가 될 뿐 아니라 한시의 비유에서 보여주는 문장의 매력에 한껏 빠져들었던 시간이었다.

《천고담》에 이어 계속해서 《시경》을 공부하고 있지만, 한문의 속성 때문인지 시간이 오래 소요될 뿐만 아니라 익히는 게 결코 만만찮다. 한시의 원조 격인 《시경》은 대략 서주시대부터 춘추시대에 이르기까지 5백여 년간 각 나라의 각기 다른 성격의 민가民歌를 모아놓은 고대 중국 최고의 시가 총집이라 할 수 있으며, 세계에서 가장 아름답고 오래된 운문 시가집이다.

《사기》의 공자세가孔子世家에 의하면 공자가 노나라에 전해지던 3천여 편의 시들 가운데 300여 편으로 간추려 편찬하였다고 전해진다. 전체 305편으로 되어 있는데 크게 풍風 또는 國風, 아雅, 송頌의 세 부분으로 되어 있다. 공자께서 그 당시 유행하던 모든 민가(풍)와 왕조를 중심으로 유행하던 음악(아), 왕실에서 조상을 위해 바친 노래(송)를 수집 후 정리하는 작업은 매우 복잡하고 방대했을 것임은 충분히 추측할 수 있다. 하지만 공자께서 시가를 정리한 의도는 시가를 통해 사물을 묘사하고 뜻을 품는 데 두었다는 것만은 분명한 것 같다. 후세 유가들은 "시는 뜻을 말한다."고 한 것을 보더라도 말이다.

그 시발점이 된 공자의 말은 이렇다.

"젊은이들이여, 왜 시를 배우지 않는가? 시는 사람을 고무시키고, 귀감이 되도록 하며, 어떻게 화합할 수 있는지를 가르쳐주고, 어떻게 사회 현실을 풍자하는가를 가르쳐준다. 가깝게는 부모를 봉양하는 내용부터 멀게는 군주를 모시는 도리에 이르기까지 일러주며, 그 밖에도 수많은 종류의 새와 짐승과 풀과 나무의 이름을 알려주기도 한다."

공자는 《시경》을 정리할 때 일정한 뜻을 두고, 당대 현실의 아름다움을 풍자하는 데 치중했다. 그가 선정한 305편의 시가 중에는 정치적 의미와 도덕적 내용을 강조함으로써 시를 읽는 사람들을 깨닫게 한 점에서 그의 의도를 알 수 있다. 이런 의미로 공자는 "시 삼백 편의 뜻을 한마디로 말하면 생각에 간사함이 없다."(詩三百篇 一言以蔽之하니 曰 思無邪)고 말했다.

시를 쓰기 위해서는 우선 대상을 눈으로 보고 느껴야 한다. 그래야 흥분하게 된다. 마음속에서 감흥이 일어나야 시나 음악이 만들어질 수 있다. 2천여 년 전에 벌써 이렇게 다양한 시들이 씌어졌다는 것은 동양 문화의 우수성과 함께 동아시아의 자랑이 아닐 수 없다.

굳이 시나 음악이 아니라도 어떤 일을 보고 느끼지 못하는 사람은 자기 발전이 없을 것이다. 건강해지고 싶다면 건강한 사람의 생활 습관을 보고 느껴야 건강하게 사는 비결을 알 수 있듯이.

우리 조상들이 남겨 놓은 한시에도 절창이 많다. 시를 쓰고 읽는다는 것은 교화의 사회적 기능뿐만 아니라 현실 정치에도 깊은 의미를 가져다준다는 점에서 얼마나 중요한지 모른다. 사람이 일생을 살면서 자신이 좋아하는 시 몇 수 정도는 암송할 수 있고, 나아가 자신의 감정을 시로 표현하며 음미할 줄 알아야 생활에 윤기가 흐르고, 멋있는 삶이 되지 않을까.

앞으로도 꾸준히 한시를 공부해서 선조들이 물려준 소중한 유산을 향유하며 후학들에게도 전해주고 싶다.

공자가 엮은 《시경》은 이천여 년 전 사람이 쓴 것이지만 지금도 여전히 우리 곁에 살아 있다. 시를 쓰거나 좋아하는 사람이 이 세상에 존재하는 한에는 말이다.

不狂不及

불광불급

미치지 않으면 미치지 못한다

어쩌다가 노래방에 가게 되면 늘 마음속으로 다짐하게 되는 것이 있는데, 그것은 최소한 유행가 가사보다는 더 나은 시를 써야겠다는 것이다. 선곡을 하고 노래를 부르다 보면 어찌 그리 유행가 가사 한 소절 한 소절이 절절한지, 우리네 삶에 어떻게 그토록 깊게 닿아 있는지 나도 모르게 절감하게 된다.

그래서 시 쓰는 게 자신 없어지고, 쓸데없는 넋두리만 늘어놓게 되는 것이다. 노래방뿐만 아니라 택시에서나 버스를 타거나 그 어디에서나 들을 수 있는 철 지난 유행가는 수십 년의 세월의 강을 한순간에 뛰어넘는 마력을 지니고 있다. 이는 서민들의 애환을 진솔하게 담아내고 있기 때문에 가능한 것이 아닐까. 유행가를 부르면 그 순간만큼의 삶의 고통이 덜어진다. 그리고 덜어냄으로써 다시 채울 수 있는 인생의 지혜를 생각하게 된다.

세상의 모든 일들은 마음에서 비롯된다고 한다. 유행가보다 나은 시를 쓰기 위해서는 마음의 무쇠솥에 녹이 슬지 않도록 쉼 없이 씻어내고, 닦아내야 한다. '미치지 않으면 미치지 못한다'는 말이 있듯이 시인이란 모름지기 시에 미쳐야 한다. 그래야 서민들의 가슴을 울리는 유행가보다 압도적으로 빛나는 시를 쓸 수 있을 것이고, 독자들의 뼛속을 파고들어 심금을 울리는 시로 남을 수 있으리라.

광적으로 덤벼들어야 무언가를 이룰 수 있다는 뜻의 '불광불급不狂不及'의 유래에는 이런 이야기가 전해져 온다.

조선시대에 최흥효란 사람이 과거를 보러 갔다가 답안지 글자 하나가 중국의 명필 왕희지보다 더 잘 쓴 것 같아 차마 답안지를 제출하지 못하고 그대로 들고 나왔다. 그러고 나서 이전보다 더 피나는 연습을 한 덕분에 유명한 명필가가 되었다는 이야기다. 이 이야기를 두고 보았을 때 불광불급은 '미치지 않아서 급제를 못했다'는 해석이 가능하다.

최근 쏟아지는 시인들의 시집을 읽노라면 서글픔이 지나쳐 분노와 증오를 느낀다. 무조건 어렵게, 독자들이 무슨 뜻인지 모르게, 철저하게 엿장수 마음대로, 시인 혼자서만 웅얼거리는 시들. 과연 이런 시들을 시라고 할 수 있을까? T. S. 엘리엇은 "참된 시는 이해되기 이전에 통할 수 있다."고 했다.

제멋에 취해 쓴 정신병자의 시들을 혼자서 다 아는 척하면서 시평까지 하는 평론가들도 똑같은 사람들이다. 매일 쏟아져 나오는 수백 권의 오염된 시집들을 보면 언어 공해에 가담하는 공범자인 출판사들도 각성해야 한다.

아무리 시가 시시한 것이라 하더라도 시를 쓰는 사람은 최소한의 기본 양심은 가지고 시를 써야 한다. 당장 가슴에 두 손을 올려놓고 자신이 양심을 속이고 있지 않은지 생각해 봐야 한다. 시가 아무리 시 같지 않아도 시는 시여야 한다. 시도 아닌 시를 두고 이러쿵저러쿵 고상한 척 떠들어대는 평론가들은 걸레보다 못하다. 걸레는 더러운 곳을 깨끗하게 닦아주는 위대함은 있지 않은가.

시를 쓰는 사람들은 시인 대접을 받으려면 제발 공자가 엮은 《시경》이라도 한번 읽어보고 시에 대해 주절거리거나 흉내라도 내어 보기를. 세계에서 가장 아름답고 가장 오래된 시집인 《시경》의 시 한 줄도 본 적 없는 시인들이 시를 쓴다는 것은 그 자체로 시를 모독하는 행위이다.

시는 사람의 마음을 선하게 하고 순수한 감정과 감성을 유발케 하여 마음속을 겉으로 표현함으로써 성정性情의 소재를 파악하며 풍화風化에 기여한다. 그런 시의 기본은 알고나 쓰는지 의심스럽다. 인간의 마음은 예나 지금이나 변한 것이 없다.

희로애락은 삶의 본질이다. 삶의 본질을 깨닫지 못하고 내뱉는, 말장난하는 쓰레기 시들이 갈수록 늘어나고 있는 것을 보고 있노라면 가슴

저 밑바닥에서부터 부글부글 끓어오르는 분노를 참을 수 없다. 안타깝다. 정치가들보다 더 오염되고 타락한 시인들은 더 이상 양산되어서는 안 된다.

시가 독자들에게 읽히지 않고 외면당하고 있는 이유가 무엇인지도 모르면서 자신의 카타르시스 해소를 위해 멀쩡한 독자들 정신병자로 만들고 있는 자칭 유명 시인들. 정신병자는 자신이 정신병에 걸려 있는지 모르고 산다. 왜 이런 정신병을 앓고 있는 시인의 시집들을 아직도 출판사에서는 만들어서 세상에 내보내고 있는지 그 의도가 의심스럽다.

언어의 사치와 허영, 유희가 지나쳐 눈과 귀가 따가울 정도로 짖어대는 개소리들 때문에 우울한 날들이 생겨나서는 안 된다. 힘들고 어려운 세상에 한 방울의 눈물을 닦아주는 위로의 시는 되지 못할망정 세상을 타락시켜서는 안 된다.

시인이 철 지난 유행가 가사보다 나은, 독자에게 진정 감동을 주는 시를 쓰려면 시에 미쳐야 한다. 절창의 시 한 편이 간절히 그리워지는 요즘이다.

絕唱 _{절창}

절창

잘 지어진 시 : 호걸 임제의 시 두 편

청초 우거진 골에 자난다 누었난다.

홍안은 어디 두고 백골만 남았는고,

잔 잡아 권할 이 없으니 그를 설워하노라.

−백호 임제 〈황진이 무덤 앞에서〉

백호 임제(1549~1587)의 시를 처음 접한 것은 초등학교 때 교과서에 실린 시조를 통해서였다. 그때는 아무 뜻도 모르고 외웠던 그 고시조가 바로 임제가 평안도 관찰사로 부임하던 도중 '황진이 무덤을 찾아 지은 시'라는 것을, 후일 고등학교 국어 시간에서야 알게 되었다.

공적인 임무를 띠고 평안도 관찰사로 가던 도중에, 그것도 기생의 신분인 황진이의 무덤을 먼저 찾아 그의 마음을 노래한 행위는 그 시대가 아무리 그의 풍류를 용인했다고 하더라도 많은 사람들의 비난을 샀을 것이다. 하지만 그는 그런 사회적 시선 따위는 아랑곳하지 않았다. 이런 그의 파격적인 행동만 보아도 충분히 호걸의 체취를 느낄 수 있을 것이다.

병마절도사인 진晋의 장남으로 태어난 임제는 어려서부터 고문古文을 줄줄 외운 데다 장성해서는 절세의 미남으로, 성격도 호탕하여 뭇 여인네들의 선망의 대상이었다. 16세까지 김흠金欽에게서 수학하였고, 16세 때 당대의 명현인 대사헌 김만균의 사위가 되었다.

29세 선조 7년 문과 알성급제謁聖及第하여 여러 관직을 거쳤으나 당시 당파싸움이 심해지자 환멸을 느껴 벼슬을 버리고, 명산대천을 찾아 유랑하면서 풍류를 즐기고 수많은 시와 소설을 남기고 39세의 나이로 짧은 생을 마감하였다. 그가 남긴 시를 음미하다 보면, 순간적인 재치와 함께 천재적 시인의 감수성을 인정할 수밖에 없다.

어느 날, 임제는 한양에서 문우들을 만나 술에 흠뻑 취해서 오다가, 뛰어난 미모를 지닌 객주의 주모를 보게 된다. 임제가 관심을 보이자, 용모에 반한 주모는 임제에게 육체적 사랑을 허락한다. 주모와 임제가 운우지정雲雨之情을 나누는데 주모의 남편이 불쑥 현장을 덮친다. 주모의 남편은 자기 아내와 정을 통한 사내를 죽이려고 달려든다. 그 모습을 보고서도 임제는 조금도 주눅이 들지 않고 말한다.

"죽일 때 죽이더라도 시 한 수만 들어 보시오."

그때 즉석에서 남긴 시가 바로 칠언절구다.

昨夜長安醉酒來 작야장안취주래　어젯밤 장안에서 술에 취해 오다가

桃花一枝爛漫開 도화일지난만개　복숭아꽃 한 가지 흐드러지게 피었기에

君何種樹繁華地 군하종수번화지　그대는 어찌하여 번화한 땅에 나무를
　　　　　　　　　　　　　심었소

種者非也折者非 종자비야절자비　나무를 심은 사람의 잘못인가, 꽃을 꺾
　　　　　　　　　　　　　은 사람의 잘못인가

－백호 임제의 시

그는 시구에서처럼 주모의 남편에게 일갈을 가한다.

"그대는 어찌하여 번화한 땅에 나무를 심었소?" (왜 사람이 많이 드나드
는 곳에 아름다운 여인을 두었느냐)

거기다가 한 수 더 떠서 번화한 곳에 나무를 심은 사람 (사람이 많이 드
나드는 곳에 아름다운 여인을 두어 꽃을 꺾도록 만든) 잘못이라고 못박아 버
림으로써 주모의 남편을 옴짝달싹 못하게 만들어 버린다. 이 시 한 수로
주모의 남편은 천하호걸을 몰라 뵈서 미안하다며, 엎드려 큰절을 하고
서 융숭한 대접을 한다.

절세의 미남에다 시문에 탁월한 능력을 보였던 그가 남긴 잘 지어진 시를 음미하고 있노라면 그의 호걸적인 기개가 눈에 훤히 보이는 듯하다. 옛시를 읽는 즐거움은 바로 이런 조선 선비의 풍류와 해학, 당당함, 그리고 그 속에 숨겨진 비움의 미학을 실천하는 삶의 태도를 배우는 기쁨 때문은 아닐까.

歲募述懷 세모술회

한 해의 끝, 마음속에 있는 생각을 말하다

"세상에 시 아닌 것이 없으나, 시가 시 같지 않으면 시가 없는 것만 못하다."(世上無不詩, 詩不如詩不如無詩)

시를 쓰는 사람으로서 시다운 시 한 편 남기지 못하고 한 해를 보낸다는 아쉬움이 어느 해보다 더 크다.

도쿄경제대학 서경식 교수는 그의 저서 《디아스포라의 눈》에서 "글을 쓴다는 것은 예컨대 빈 병에 편지를 넣어 바다에 흘려보내는 것과 같은, 또는 어둠을 향해 돌을 던지는 것과 같은 행위다. 누군가에게 가 닿을지, 반향이 있을지 없을지는 모르는 채 알지 못하는 독자를 향해 말하기를 계속하는 것"이라고 말한다.

시를 쓴다는 것도 이보다 더했으면 더했지 덜하지는 않을 것이다. 시를 쓰는 것이 갈수록 힘들어지는 것은 내 마음의 밭이 갈수록 메말라가고 사막처럼 삭막해졌기 때문일 것이다.

한 해의 결실을 제대로 맺지 못한 건 내 자신이기에 누굴 탓할 수도 없다. 결실을 만들어내는 것은 자기 자신이다. "여름이 뜨거워서 매미가 우는 것이 아니라 매미가 울어서 뜨거운 것이다."라는 말에서 알 수 있듯이 주어진 환경을 만들어가는 것은 자기 자신의 몫이다.

하지만 시를 읽고 좋아하는 것만으로도 나는 충분히 행복했다고 생각한다. 특히 한 해의 끝자락에서 자신의 심정을 담담하게 회고하는 노시인의 시를 읽으면서, 시가 주는 매력에 빠지는 것만으로도 얼마나 운치가 있는가.

'시시한 것이 시'라고 시인들은 자조 섞인 농담을 가끔씩 건네기도 하지만, 시란 인간사에서 없어서는 안 될 소중한 보석임에는 틀림이 없는 것 같다.

세월은 화살처럼 빨리 날아가도 자연은 변함없이 그대로다. 하지만 사람은 이 세상에 왔다가 언젠가는 떠나간다. 젊었을 때의 흑발과 홍안도 순식간에 백발과 주름 투성이 얼굴로 변한다.

나이가 들어갈수록 이루지 못한 것에 대한 아쉬움과 후회는 한이 된다. 그러나 글은 남는다. 부귀에 대한 탐욕을 내려놓고, 시서를 즐기며 그동안의 삶을 관조하는 여유로움이야말로 밤하늘의 별만치나 아름답다.

如矢光陰歲月流 여시광음세월류　화살처럼 세월이 빨리도 흘러

靑春已去白花頭 청춘이거백화두　청춘은 지나가고 머리엔 흰 꽃만

少而不學平生恨 소이불학평생한　젊은 시절, 공부 못한 것이 평생 한이며

老矣無成夢寐愁 노의무성몽매수　늙었어도 이룬 것이 없으니 잠결에서도
　　　　　　　　　　　　　　　걱정뿐이라오

富貴須貪終乃辱 부귀수탐종내욕　부귀를 탐하면 마침내는 욕될 것 같아

詩書可樂更何求 시서가락경하구　시서를 즐기니, 다시 무엇을 구하랴

雪寒靜夜心思亂 설한정야심사난　눈 내리는 차갑고 고요한 밤 심사가 산
　　　　　　　　　　　　　　　란해 자신을 반성하노니

反省吾身莫敢羞 반성오신막감수　감히 부끄러운 일이나 없었으면

－이목천의 시〈세모술회〉전문

　갈수록 세상인심은 바위처럼 딱딱해지고, 시는 사람들에게 외면을 당하고 있는 것이 현실이지만, 가슴을 울리는 좋은 시들은 여전히 살아남아, 폐허가 된 사람들의 마음을 새롭게 순화시켜 준다.

　"꽃향기는 천리를 가고 사람의 덕은 만년 향기를 낸다"(花香千里行, 人德萬年薰)고 한다. 사람이 존재하는 이상 시도 살아서 향기를 드러낼 것이다. 한 해를 보내면서 지난 삶을 되돌아볼 수 있는 시 한 편을 음미하며, 새해를 설계해보는 여유로움을 모두 가졌으면 하는 바람이다.

224

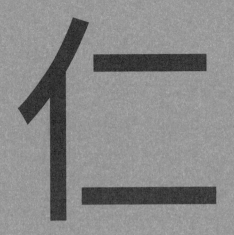

仁

제 5 장

인 간 을 이 해 하 는 즐 거 움

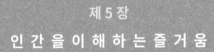

立春帖 입춘첩

한 해의 행운과 건강을 기원하며 봄을 송축

민감한 사람은 계절의 변화를 몸과 마음으로 조금은 빨리 느낄 수 있다. 겨울이 가면 봄이 오고, 봄이 지나면 여름이 되고, 여름이 가면 또 겨울이 온다. 변함이 없는 사계절의 순환 속에서 우리 인간도 거기에 맞춰 한평생을 살아간다.

봄이면 씨 뿌리고, 여름이면 꽃피고, 가을이면 수확을 거두고, 겨울이면 갈무리하는 우리의 삶에 자연의 질서는 한 치도 어긋나는 법이 없다. 태어나서 살다가 늙어 죽어서 자연으로 돌아가게 되는 이치도 계절에 의해 생멸하는 것이다.

봄에 화려함을 뽐내던 꽃들도 평생 화려할 수 없고, 여름에 싱싱하던 초록도 내내 푸를 수 없고, 가을의 붉은 단풍도 영원히 붉을 수 없으며,

겨울 추위로 꽁꽁 얼었던 대지도 따뜻한 볕에 녹을 수밖에 없는 것이다.

採薇春滿筐 채미춘만광 고사리를 캐니 봄빛이 광주리에 가득하고
世心嚴下水 세심엄하수 바위 아래로 흐르는 물에 마음을 씻는다
葉落秋光散 엽락추광산 잎이 떨어지니 가을빛은 흩어지고
雪谷鳥聲斷 설곡조성단 골짜기에 눈 쌓이니 새소리 끊어진다

-《천고담》에서

자연의 순리대로 찾아오는 계절의 변화를 어찌 인간이 함부로 거역할 수 있겠는가. 배고프면 밥 먹고, 고단하면 잠자고, 눈앞에 있는 경치를 시로 노래하며 사는 평범한 삶에서 우리의 삶은 참맛이 있는 것이다.

무변광대한 우주에 비추어 본다면 우리가 사는 지구는 티끌에 불과하다. 그런데 그 안에서 살고 있는 우리 인간들이야말로 오죽할까. 계절의 변화를 지켜보면서 이런 진리를 깨닫는 지혜로운 사람만이 일체의 헛된 욕심에서 벗어나 맑고 밝은 마음으로 편안하게 살아갈 수 있을 것이다.

입춘立春 아침에 입춘첩立春帖을 붙이며 문득 겨울과 봄을 이어주는 이월의 의미를 생각해본다. 이월은 겨우내 꿈꾸었던 대지의 함성을 온누리에 터뜨릴 기다림의 달이다. 그래서 이월은 설렘의 달이기도 하다.

역사의 수레바퀴 속에서 힘들고 고통스런 시기를 겪으면서, 희망의 봄을 기다리던 우리 민족의 간절한 소망 때문이었을까? 우리나라에는 이

월을 아름답게 노래한 시를 찾아볼 수가 없다.

매서운 눈바람 속에서 꽁꽁 얼어붙었던 일제강점기도 지나고, 위정자들이 강제로 민중의 입을 틀어막던 독재군부도 가고, 이제는 이월을 노래할 시기도 되었건만 이월을 향하는 우리의 심장은 납덩이처럼 여전히 차갑기만 하다.

삼월의 꽃천지도 아름답지만 이월의 하늘과 들판도 아름답다. 삼월이 꽃이라면 이월은 흙이다. 삼월이 희망이라면 이월은 간절함이다. 흙 속에 묻혀 있는 온갖 생물들에게 이월은 시련을 극복하고 시작의 기다림으로 설레는 절실함의 달이다. 겨울에도 쉬지 않고 움직이는 신비, 저 땅속 깊은 곳에서도 살아 있음을 노래하는 기쁨은 이월만이 지니고 있는 고결한 아름다움인 것이다.

누가 이월을 마냥 고통이라 생각하는가. 이월은 그리움으로 점철된 간절함의 계절이다. 이월이 지나면 꽃피는 삼월이 되리라. 이월이 잉태한 간절한 함성의 노래가 삼천리금수강산을 화려하게 수놓을 것이다. 삼월이 화려할수록 이월은 더욱 빛나는 희생의 계절이 될 것이다.

구질구질했던 지난날의 누더기들을 이제는 훌훌 벗어던지고 새 희망을 노래하자. 시인들이여, 완전한 봄이 오기 전에 먼저 이월을 노래하라. 고단한 인생의 삶 굽이굽이에서 절창이 태어나듯이, 오늘은 오감을 일깨우는 아름다운 시, 이월의 절실함을 노래한 절창의 시 한 수를 만나고 싶다.

匠人 _{장인}

합죽선과 문자향

　고전연구실에 갔다가 선생님께서 주시는 귀한 선물을 받았다. 그 선물은 여느 선물과는 다른 합죽선으로, 받은 감회가 새로웠다. 오래전에 TV에서 우리 시대의 마지막 선자 장인이신 이기동 선생의 삶을 방영한 적이 있었다. 전주에 살고 있는 장인께서는 11세 때부터 60년을 오직 합죽선만을 고집하면서 우리 전통문화재의 맥을 이어왔다.

　평생을 가난에 시달리면서도 우리의 것을 계승하고 발전시키면서 살아온 외길 인생. 그의 가족과 당사자가 겪어온 고통은 형언할 수 없었을 것이라 짐작된다. 돈도 안 되는 우리 것(합죽선)을 만들며 살아온 삶을 그의 맏아들이 뒤를 이어 28년째 배우고 있다고 하니 참 다행한 일이라는 생각이 들었다.

선자장이란 부채를 만드는 기술과 그 기능을 가진 사람을 말한다. 부채에 관한 우리나라 문헌 가운데 가장 오래된 것은 《삼국사기》이다. 부채는 나라 간의 선물로 여러 나라에 보내졌으며, 특히 조선시대에는 전주에 선자청扇子廳을 두어 부채를 생산하고 관리하도록 했다는 기록이 전해진다.

이기동 선생은 평생을 바쳐 만든 귀중한 소장품들을 전주 역사박물관에 모두 기증해 많은 사람들이 합죽선을 가까이에서 감상할 수 있는 영광을 누리게 하셨다.

합죽선은 음과 양(한지 바른 부분과 대나무 살 부분)으로 나눠지며 인체와 같다고 한다. 또한 한지가 붙여진 끝 부분은 여인의 치마, 대나무 살이 보이는 가운데 부분은 저고리, 매듭이 묶인 부분은 머리에 비녀를 꽂은 여인의 모습을 뜻한다고 한다.

이기동 선생은 합죽선을 만드는 공정에서 가장 어려운 부분이 낙죽작업(불에 달궈 부챗살에 그리는 그림)과 민어풀(부채, 활 만드는 데 쓰이는 풀)을 쑤는 것이라고 하며, 아직까지 아들에게 가르쳐주지도 않은 민어풀 쑤는 방법은 풀의 조정이 매우 중요하기 때문에 남에게 맡기지 않고 직접 하신다고 했다.

TV에서 방영되는 장인의 삶과 정신을 통해 그동안 대수롭지 않게 생각했던 우리 것(합죽선)의 소중함에 대해 다시 한번 생각해볼 수 있었다. 마침 그 시기에 목천 선생님께서 나에게 합죽선을 선물로 주셨으니, 얼마나 기뻤는지는 알만 할 것이다. 그것도 합죽선에 명문을 선생님께서 손수 쓰시고, 여백에다 소나무 한 그루를 그려넣은 작품(문인화)이었으니 말이다. 비록 장인이 만든 합죽선은 아니었지만, 그 위에다 붓글씨를 쓴 귀한 작품을 선물로 받은 기쁨은 말할 수 없이 컸다.

합죽선과 서화의 만남은 누가 봐도 절묘한 조화의 예술 세계이다. 우리 선조들의 삶은 일상과 예술이 따로 떨어져 있지 않았다. 합죽선 하나가 자신과 자식은 물론 손주의 더위를 식혀주는 사랑의 가교가 되기도 했고, 때로는 남에게 뜻깊은 선물이 되기도 했으며, 늘 곁에 두고 수시로 예술작품을 향유했던 격조 높은 삶의 방식이었다.

문화는 삶의 양식이며 삶은 특정한 시간과 공간의 연속성 위에서 펼쳐지는 것이다. 이제는 우리의 전통문화가 단순히 낡고 오래된 것이라는 인식을 버려야 한다.

합죽선의 소중함과 함께 목천 선생님께서 주신 귀한 선물, 합죽선에 쓰여진 문자향文字香에서 우러나오는 바람으로 여유로운 피서를 즐기던 책 읽는 선인들의 지혜로운 삶을 즐겨야겠다. 아울러 어려운 가운데에서도 전통문화의 맥을 이어가고 있는 장인들의 노고에 진심으로 감사하면서 말이다.

春來不似春 춘래불사춘

봄이 와도 봄 같지 않다

胡地無花草 호지무화초　오랑캐 땅에는 화초마저 없으니

春來不似春 춘래불사춘　봄이 와도 봄 같지 않다

自然衣帶緩 자연의대완　저절로 옷의 (허리)띠가 느슨해진 것이지

非是爲腰身 비시위요신　허리 (몸매를 날씬하게 하려는) 때문이 아니라네

봄이 되면 자주 등장하는 춘래불사춘春來不似春이란 시구는 당대 최고
의 미녀 왕소군의 심경을 대변하여 당나라의 시인 동방규東方虯가 읊은
것이다.

서시西施, 초선貂嬋, 양귀비楊貴妃와 더불어 중국의 4대 미인 중의 한 사
람인 왕소군王昭君은 중국 전한 원제元帝의 궁녀였다. 원제에게는 궁녀가

너무 많아 일일이 친견할 수 없었으므로, 화공에게 초상화를 그리게 하여 궁녀를 맞아들였다. 이에 모든 궁녀들은 그림을 잘 그려 달라고 뇌물을 썼으나 왕소군만은 뇌물을 바치지 않았다. 이 때문에 절세의 미인이었지만 왕의 부름을 한 번도 받지 못했다고 한다.

이후 강성한 흉노와의 친화책으로 그림을 보고 원제는 가장 못생긴 왕소군을 선우에게 주었는데, 출가하는 왕소군을 보니 천하절색이었으므로 크게 후회했다고 한다.

왕소군이 선우를 따라갈 당시 중원의 날씨는 따뜻했지만 북쪽 변방은 차가운 바람이 몹시 불었다. 계절은 봄이었지만 추운 날씨로 인해 꽃은 피지 않았고, 원하지 않는 곳으로 떠나야만 하는 그의 심정이 몇 줄의 시로 남았다.

이를 보고 이백은 '왕소군'이란 시를 두 편이나 남겼는데 그중 한 편을 소개한다.

昭君拂玉鞍 소군불옥안 소군이 귀한 말안장을 잡아채고
上馬啼紅頰 상마제홍협 말 위에서 울어서 뺨이 붉어졌네
今日漢宮人 금일한궁인 오늘은 한나라 궁궐의 사람인데
明朝胡地妾 명조호지첩 내일 아침에는 오랑캐 땅의 첩이구나

－이백의 시 〈왕소군〉

올해는 봄이라는 계절을 실감하지도 못한 채 3월 한 달이 훌쩍 지나 갔다. 주말마다 흐린 날씨에다 비가 자주 와서 봄 날씨다운 화창한 날을 만나지 못했다. 4월이 되면 날씨가 화창해져서 꽃구경 한 번이라도 제대로 할 수 있을까 하는 생각에 들떠 있었지만, 4월이 되자 순식간에 벚꽃과 진달래가 피었다가 진 후에는 바람이 세게 불고 일교차가 심해서 감기까지 걸려서 몸이 개운하지 못했다.

춘래불사춘이란 시구처럼 계절도 구분의 경계가 이렇게 모호할 때가 있듯이, 우리의 삶도 마찬가지가 아닐까? 에드거 앨런 포는 그의 단편 〈때 이른 매장〉에서 인생에서 "삶과 죽음을 구분하는 경계는 모호할 뿐이다. 어디서 삶이 끝나고 어디서 죽음이 시작되는지 과연 누가 말할 수 있겠는가?"라고 했다.

눈에 보이는 경계는 드러나지 않지만 우리의 삶이란 늘 얼마 남지 않은 시간 속에서 산다. 계절이 바뀌면 인생의 남은 시간도 그만큼 줄어든다. 삶은 영원하지 않다. 하지만 우리의 삶이 불확실하고, 모호하다 하더라도 주어진 시간이 얼마 없다는 깨달음을 느끼며 자신에게 주어진 하루하루의 삶을 놓치지 않아야 할 것 같다.

우리의 삶에는 내일은 없다. 늘 지금이라는 현재뿐이며, 내일이 있다고 믿는 사람은 게으른 사람일 뿐이다. 주어진 순간순간을 대할 때마다 겸허하게 자신을 낮추고, 최선을 다하는 삶을 살아야 한다. 그래야 이 세상에 태어난 삶의 의미를 찾을 수 있겠기에 말이다.

水流花開

수류화개

물 흐르고 꽃이 피네

　오랫동안 만나지 못했던 친구에게서 전화가 왔다. 어떻게 지내느냐며, 얼굴 한번 보고 싶다는 친구의 말에 늦은 저녁을 먹던 나는 서둘러 수저를 놓고 친구를 만나러 갔다. 약속 장소에서 친구는 나를 기다리다 혼자 소주 한 병을 먼저 비우고 있었고, 일 년 만에 본 그의 얼굴은 지난해에 볼 때보다 심하게 부어 있었다. 심근경색과 당뇨병을 앓고 있었기에 친구를 보는 순간 직감적으로 건강이 많이 나빠졌구나 하는 생각을 했다.

　두부김치에 소주 한 병을 시켜놓고 나서 친구는 어릴 적에 함께 놀던 이야기를 하면서, 나에게 너는 아버님이 그립지 않느냐는 질문을 던지면서, 병환으로 돌아가신 당신의 아버님이 많이 보고 싶다고 했다. 그러면서 사람 사는 게 별거 있느냐며, 어릴 적의 때 묻지 않은 순수함을 지키며, 바쁘더라도 가끔씩 얼굴 좀 보면서 살자면서 연거푸 술을 들이켰다.

금방 소주 한 병이 비워지고 또 한 병을 시키자, 친구는 사십 년 전의 어린 시절을 회상하면서 지금쯤 산에 올라 참꽃을 따서 먹고, 야산 무덤가에서 고사리를 꺾었던 그때를 그리워했다. 무던히도 부모 속을 많이 썩였던 말썽쟁이 친구라서 그런지 부모님에 대한 그리움이 유독 크게 느껴지는 것 같았다.

내가 태어나 유년 시절을 보낸 마을은 삼면이 병풍처럼 산으로 둘러싸인 오목한 골짜기로 민가라고는 겨우 십여 호 정도밖에 되지 않았다. 조그만 동네에서 며칠 간격으로 나란히 태어난 나의 고추친구는 두 명이었는데, 한 친구는 이십 대에 사고로 먼저 세상을 떠났고, 남은 친구라고는 유일하다 보니 만나면 저절로 동심으로 돌아가서 자연히 그 시절의 이야기로 꽃을 피우다가는 아쉬움을 뒤로하고 헤어지게 된다.

나는 중학 시절에 있었던 일 하나를 지금도 가슴속에 묻어두고, 친구에게 직접 물어보지 못한 비밀이 있다. 중학교 2학년 때인지, 3학년 때였는지 정확한 기억은 아니지만, 하루는 친구의 어머니께서 우리 집에 오셨다. 그러더니 나를 좀 보자면서 밖으로 불러내셨다. 사연인즉 친구가 새 교과서를 구입했는데 그날 그만 잃어버렸다며 혹시 나보고 가져가지 않았느냐는 것이었다. 만일 바른대로 말하지 않으면 '고양이 양밥'을 하겠다고 하시면서 만일 가져갔다면 손이 오그라드는 큰 화를 입을 것이라고 으름장을 놓으셨다. 그런 일이 없다며 나는 사실대로 이야기했지만, 그 이야기를 들은 나는 어린 마음에 한동안 가슴을 졸였다. 그리고 그 순간을 지금도 잊지 못하고 있다. 당시에 나는 학교에서 모범생이었고, 그런 일을 내가 했을 거라고 추측해서 나에게 그렇게 한 행동은 상상하기조차 힘든 일이었다.

황당한 일을 겪었던 그때의 지난 일을 친구를 만날 때마다 물어보려고 했지만 아직까지 꺼내지 못했다. 아마 내 추측이 정확하다면 친구는 부모님께 새 교과서 값을 받아 딴 곳에 써버리고, 잃어버렸다는 말로 둘러대지 않았을까 하는 생각을 한다.

친구는 그때의 일을 까마득하게 잊고 기억하지 못할 수도 있을 것이다. 하지만 나는 그때의 일이 평생 동안 잊히지 않는 것을 보면 나에게는 적잖은 충격이 아니었는가 싶다.

술을 다 비워갈 즈음 친구의 아내한테서 전화가 왔다. 아마 빨리 들어오라는 것 같았다. 친구도 술이 취한 것 같았고, 나도 못 마시는 술을 친구 따라 몇 잔 마셨더니 얼큰히 취기가 올랐다. 친구는 헤어지면서 어릴 때 그 마음 변치 말자며 손을 흔들며 나의 시야에서 금방 사라졌다.

나는 택시를 잡아타고 형산강 둑으로 향했다. 둑 양쪽으로 늘어선 이름 모를 꽃들이 달빛을 받아 몹시 아름다웠다. 둑에 앉아 시원한 강바람을 쐬며, 찰랑대는 강물에 몸을 섞는 은은한 달빛을 보며 그렇게 한동안 앉아 있었다. 마주 보이는 강 건너의 거대한 공장의 웅얼거림과 불빛은 또 얼마나 장엄한지.

시간 가는 줄 모르고 있다가 집에 오니 자정이 다 되었다. 술은 이미 깨었지만, 덜 나은 감기 때문에 몹시 몸이 나른했다. 씻지도 않은 채 자리에 누워 친구와 나눴던 유년의 이야기와 고향을 생각하며 눈을 감았다. 따스한 봄 날씨가 친구에게 나를 부르도록 유혹했는지도 모를 일이다. 봄밤에 핀 정취에 홀려서인지, 옛 친구를 만나서 좋았는지 모르지만 느낌이 좋았던 하루였다.

萬里靑天 만리청천 구만리 푸른 하늘
雲起來雨 운기래우 구름 일고 비 내리네.
空山無人 공산무인 사람 없는 빈 산
水流花開 수류화개 물 흐르고 꽃이 피네.

초의선사가 즐겨 썼다는 수류화개水流花開라는 구절은 황정견黃庭堅의 시에 나온다. 황정견(호는 산곡山谷)은 시인으로서 명성이 높았고, 스승 소식蘇軾과 함께 송나라를 대표하는 시인으로 꼽힌다.

순식간에 봉오리를 터트리던 벚꽃이 속절없이 진다. 수류화개, 물 흐르고 꽃피는 어릴 적 고향 산천이 많이 생각나는 봄밤이다. 오늘밤은 벚꽃 지는 소리와 봄비 내리는 소리를 들으면서 나도 시를 쓰고, 모든 사람들이 봄비 내리듯이 벚꽃 지듯이 아름다운 시를 쓰는 밤이면 좋겠다.

知
天 지천명
命

하늘의 명을 알다

'하늘의 명을 알았다'는 뜻의 지천명知天命은 나이 50세를 비유적으로 이르는 말로써 《논어》 〈위정편〉에 나온다.

공자는 일생을 회고하며 자신의 학문 수양의 발전 과정에 대해 이렇게 말했다.

"나는 나이 열다섯에 학문에 뜻을 두었고(吾十有五而志于學), 서른에 뜻이 확고하게 섰으며(三十而立), 마흔에는 미혹되지 않았고(四十而不惑), 쉰에는 천명을 알게 되었으며(五十而知天命), 예순에는 남의 말을 들으면 그 이치를 깨달아 이해하게 되었고(六十而耳順), 일흔이 되어서는 무엇이든 하고 싶은 대로 하여도 법도에 어긋나지 않았다(七十而從心所欲 不踰矩)."

천명이란, 우주 만물을 지배하는 하늘의 명령이나 원리 또는 객관적이고 보편적인 가치를 가리키는 유교의 정치사상을 말한다. '천명을 안다'는 것은 하늘의 뜻에 따라 그에 순응하거나, 하늘이 만물에 부여한 최선의 원리를 안다는 뜻이다.

홍안이던 얼굴이 어느새 주름살 가득한 지천명의 나이가 되었다. 해마다 홍매화가 활짝 피었던 삼월도 가고, 화려하게 뽐내던 사월의 벚꽃도 순식간에 졌다. 곧 아까시꽃이 온 산천에 피어날 것이다. 아까시꽃이든 이팝꽃이든 꽃잎이 하얗게 흩날리는 꽃그늘 아래서의 기다림은 아름답다. 친구를 기다리든지 아니면 그 누군가를 기다렸던 옛 기억을 떠올려보는 것은 황홀한 설렘이다. 기다리는 동안 한 생生이 모두 지나가버릴 것 같은 오월의 하루. 이런 생각을 하는 순간에도 꽃잎은 소리 없이 소멸하겠지.

꽃잎의 한계는 내가 꽃잎을 사랑하는 순간뿐이다. 한계를 사랑해야 지난 삶을 이해할 수 있음을 지천명이 지나서 이제는 안다. 인생에 대해, 지난 시간에 대해 더 이상 고개를 돌리고 있을 수 없다는 것도 안다. 그 꽃그늘 아래에서 얼마를 기다려야 많은 꽃들이 지고, 인생을 이해할 수 있을까? 그 대답은 오월의 비바람만이 알고 있을 것이다.

오월 초입부터 비가 내린다. 주룩주룩 쏟아지는 장대비에 아스팔트에도 콘크리트 바닥에도 투명한 물꽃이 화려하게 피었다가 진다. 무슨 곡인지도 모르면서 감미로운 음성과 기타 소리가 그저 좋아 팝송을 틀어놓고 음률에 따라 손이 움직이는 대로 컴퓨터의 자판을 두드려 본다.

왠지 외롭다. 가슴이 텅 빈 것 같고 허전하다. 왠지 슬프다. 목 놓아 소리 내어 울고 싶어진다. 빗소리를 들으면서 가슴 저 깊숙한 곳에서 솟아 나오는 소리를 받아 적는다.

조금 전부터 계속 울려대는 휴대전화에는 물건 사라, 잡지 받아 보라, 돈 대출하라는 내 마음과 거리가 먼 일들이 나를 더욱 우울하게 한다. 아무리 생각해도 답답한 가슴 활짝 열어놓고 마음껏 주절거리는, 하소연을 부담 없이 들어줄 만한 사람이 없다.

주룩주룩 내리는 오월의 비를 의미 없이 바라보면서도 차 한잔 편하게 같이 마실 사람이 그립다는 생각이 든다. 비는 그리움이다. 애타게 기다릴 때 내리면 행복하지만, 기다리지 않을 때 내리면 불편하기 때문이다. 진정 그리움에 목이 타들어갈 만큼, 내 이야기를 들어줄 사람이 나에게 진정 간절한지 다시 냉정히 생각해봐도 느낌은 매한가지다.

사람이 그리운 날, 따뜻한 마음씨를 가진 사람이 그리운 날. 비록 날씨는 흐리지만 잠깐씩 비치는 햇살 사이의 맑은 하늘을 보며 슬프고 우울한 마음을 스스로 추슬러야 한다. 그러기 위해서는 스스로 슬픔에서 벗어나는 법을 터득해야 한다. 계획에 없던 독서, 음악 듣기, 잠시 동안 단잠 자기를 즐기는 것도 삶을 즐겁게 만드는 하나의 수단이라고 생각하면서 말이다.

나에게 진정 그리운 것은 무엇인지 떠올리며 문장으로 나열해 본다.

외롭다고 쓴다. 어두운 것이 좋다고 써본다. 사는 것이 슬프다고 쓴다. 세상은 눈물이다고 써본다. 울고 싶다고 써본다. 그리고 자리에서 일어나 창밖의 하늘을 본다. 맑은 하늘이라고 생각한다. 호수보다 맑은 하늘 속으로 빠지고 싶다는 생각을 해본다. 몇 번의 오월 하늘을 만났는지를 생각한다. 햇살이 비치는 부엌 바닥에 쭈그리고 앉아 먼지 알갱이를 헤아리던 어린 시절을 생각해본다.

부엌의 봉창에서 안쪽으로 비치던 빗살무늬 햇살. 그 사이로 먼지는 둥둥 떠다녔다. 나는 그것을 바라보며 수없이 떠다니던 햇살가루 같은 먼지를 헤아렸다. 불혹의 나이를 넘긴 사람치고 시골에서 땔감으로 밥을 짓고 쇠죽을 쑤어본 사람들에게는 어린 시절의 이런 추억들이 없는 사람들이 얼마나 되겠는가마는 그 시절이 좋았다는 생각이 든다.

엄마는 밥을 짓고, 메케한 연기 속에서 잔기침을 연신 토해내던 토담 부엌. 땔 것마저 넉넉지 않아 짚을 땔감으로 사용했던 그 시절. 뉘엿뉘엿 햇살이 질 때 조그만 부엌 봉창 속으로 스며들던 햇살. 아, 그 시절이 아득히 그립고 따뜻하게 느껴진다.

노루 꼬리만큼 남은 앞산의 지는 햇살을 보며 산그늘을 눈으로 바라보면, 산그늘은 눈금으로도 쉽게 그어질 수 있었고, 다음 날도 그다음 날도 그런 눈금 재기를 하며 산그늘과 앞산의 나무들과 교감할 수 있었다. 이제 언제 그런 세월, 그런 시간들과 다시 만날 수 있을까. 지천명의 나이가 되었지만, 나에게 진정 그리운 것들은 언제나 지난 세월 뒤에만 있다.

人生如朝露

인생여조로

인생은 아침 이슬과 같다

짙은 녹색 물결이 온누리에 넘실대는 푸르른 계절. 그동안 나를 아껴주고 사랑했던 사람 몇이 내 곁을 떠났다. 우리는 각자 조금씩의 차이는 있겠지만, 언젠가는 모든 것을 내려놓고 하늘나라로 떠나야 한다.

아름다운 이 대지의 신록 속에서 살아 있는 모든 것들은 저마다 고유한 소리를 낸다. 푸른 하늘을 나는 새들, 꽃 사이를 날아다니는 꿀벌들, 밭둑에서 한가롭게 풀을 뜯는 염소, 수레를 끌며 힘겨워하는 황소의 울음 등. 이 모든 소리는 살아 있는 것들이 내는 기척이다. 소리를 멈춘다는 것은 살아 있는 것들이 누군가의 곁에서 사라진다는 것을 의미한다. 깊은 병을 앓고 있는 환자의 통증 소리, 악몽에 시달리며 지르는 고함도 살아 있는 기척이다. 그런 기척이 사라진 곁에 남는 것은 허무와 공허함

뿐이다.

　일찍이 서산대사西山大師는 푸른 하늘에 떠가는 구름을 보고 인생무상을 노래했다.

生也一片浮雲起 생야일편부운기	사람이 태어남은 한 조각 뜬구름이 일어남과 같고
死也一片浮雲滅 사야일편부운멸	죽는다는 것은 한 조각 뜬구름이 없어짐과 같다.
浮雲自體本無實 부운자체본무실	뜬구름 그 자체가 본시 실상이 없는 것이니
生死去來亦如然 생사거래역여연	사람이 태어나고 죽고, 가고 오는 것이 또한 그와 같다.

　그의 시에는 아홉 살에 어머니를 여의고, 열 살 되던 해에 아버지를 잃은 고아로서 느꼈던 그의 심정이 절절하게 드러나 있다. 어린 나이에 세상에 대한 즐거움보다 슬픔을 먼저 깨달아버린 그가 인생의 허무함을 느끼고 속세를 떠난 것은 어찌 보면 당연했다고 생각할 수도 있다.

　인간은 누구나 예외 없이 빈손으로 와서 빈손으로 떠난다. 속절없이 흐르는 강물처럼 세월이 가면 우리네 인생도 자연의 순리에 의해 떠난다는 사실을 서산대사는 일찍 깨달았기에 부질없는 삶에 연연하지 않았다. 뛰어난 머리로 부귀공명을 누릴 수 있는 재능을 타고났지만 모두 마다하고 뜬구름처럼 명산대천을 두루 유람하며 자연과 벗하며 보냈다.

사람은 누구나 세 가지 의문 속에서 살다가 하늘 길로 가거나 자연으로 돌아간다. 먼저, 어디서 왔는가의 문제다. 두 번째는 어떻게 살아야 하는가이다. 세 번째는 어디로 갈 것인가이다. 이 세 가지 의문에 대한 답을 끝내 찾지 못하고 온 길로 되돌아가는 것이 인생이 아닐까 하는 생각을 가져본다.

신록의 계절, 내 곁을 먼저 떠난 분의 발인예배에 참석했더니, 목사님께서는 교인들이 돌아갈 고향은 하늘나라라고 했다. 괴로운 인생길에서 몸을 평안히 쉬도록 구원하신 주와 함께 성도들을 만나 그곳에서 영원한 영광을 누린다고 했다. 또 한 분의 발인장례에서는 험난한 인생의 고해에서 벗어나 자유로운 영혼으로 바람처럼 살라고 했다.

그동안 서로 소통을 나누었고, 희로애락을 함께 했던 분들의 기척이 사라진 내 곁에 남은 것은 허무함 외에 또 무엇이 있는가. 보이지 않는 가르침, 생전에 나누었던 대화, 소중했던 추억, 약간의 나눔….

우리는 어려운 인생의 의문 세 가지 중 한 가지는 분명하게 느낄 수 있다고 본다. 지나간 날과 다가올 날을 생각하며 지금의 중요성을 인식하며 값진 삶을 살아야 한다는 것.

하지만 우리는 가족이나 주위에서 아껴주는 분들이 곁에 있을 때는 그 고마움과 소중함을 느끼지 못하다가 떠나 보낸 후에 늘 후회한다.

사람이라면 누구나 예외 없이 시간이 흐르면 사랑하는 사람의 곁을 떠나 어딘가로 가야 한다. 살아 있을 때 탐욕을 내려놓고 서로 나누고, 도와주고, 아껴주어야 한다. 기척을 낼 수 있을 때, 가족과 이웃들을 위해 양보하고 희생하며 많은 대화를 나누며 사랑해야 한다.

《한서漢書》〈소무전蘇武傳〉에 "인생은 아침 이슬과 같다"(人生如朝露)는 이야기가 나온다.

전한 무제 때 소무라는 사람이 있었다. 소무는 한나라와 흉노 간에 포로 교환이 있을 때 사자使者로 흉노의 땅에 들어갔다가 잡혀 억류되었다. 그는 항복하라는 흉노의 우두머리(선우)의 협박에도 끝내 응하지 않다가 지금의 바이칼호의 섬으로 유배되었다.

선우는 숫양을 기르도록 해놓고 "숫양이 새끼를 낳으면 귀국시켜 주겠다."고 말했다. 이곳에서 소무는 들쥐와 풀뿌리로 굶주림을 견디고, 매서운 추위와 싸우면서 귀국의 날만 기다렸다.

어느 날 친구였던 이능 장군이 찾아왔다. 이능 역시 흉노의 군대와 싸우다가 대패하여 포로가 되어 항복한 후 선우의 빈객으로 대접을 받고 있었다. 이릉은 항복한 장수라는 것이 부끄러워 감히 소무를 찾지 못하다가 선우의 명을 받고 찾아온 것이었다. 이릉은 소무를 위로하며 이렇게 말했다.

"선우는 내가 그대의 친구라는 것을 알고 꼭 모셔오라며 나를 보냈다

네. 이제 그만 나와 함께 선우에게 나아가도록 하세. '인생은 아침 이슬과 같다'는 말도 있지 않은가."

그러나 이릉의 말로는 소무의 지조를 꺾지 못했다. 이릉은 무거운 마음으로 혼자 돌아갈 수밖에 없었다. 절조를 꺾지 않고 버티던 소무가 고국 땅을 밟았을 때는 집을 떠난 지 어언 19년 만이었다.

'인생여조로'의 뜻은 해가 뜨면 금방 사라지는 아침 이슬과 같이 인생은 짧고 덧없다는 말이다. 아침 이슬과 같은 인생에 후회하지 않는 삶을 살려면, 바쁜 일상이지만 푸른 하늘을 보며 왜 사는지를 잠시라도 생각해보자. '잠시'는 내가 지금 하는 일이 과연 대단한 일인지, 지금 대단하다고 생각하는 일도 실은 하찮은 일에 지나지 않는다는 사실을 깨닫기에는 충분한 시간일 것이다.

시간은 쉬지 않고 계속해서 흘러가지만 인생은 한 번이다. 한 번 주어진 인생, 내가 가진 것 모두를 사랑하는 사람들을 위해 아낌없이 주고 떠날 수 있는 삶을 살려면 가까운 곳에서 들리는 작은 기척 소리에도 관심을 가지고 살아야겠다.

老牛舐犢

노우지독

늙은 소가 송아지를 핥는다

《후한서後漢書》〈양표전楊彪傳〉에 나오는 노우지독老牛舐犢의 고사는 늙은 소가 송아지를 핥는다는 뜻으로 자식에 대한 부모의 사랑을 비유한 말이다.

삼국시대 위나라 조조 휘하에 주부主簿를 지낸 양수楊修는 학식이 풍부하고 재능이 뛰어난 사람이었다. 조조는 한중 땅을 놓고 촉한의 유비와 격돌했는데, 시일이 지나면서 군량미가 떨어져 더 이상 버티기가 어려웠다. 설령 승리를 한다 해도 빼앗은 땅을 지키기도 어려운 상황이어서 이러지도 저러지도 못하고 있었다.

어느 날, 조조가 저녁 식사로 닭국을 먹고 있는데 부장 하후돈이 들어와 군호를 물었다. 조조는 무심결에 계륵鷄肋이라고 답했다. 이 말을 전해 들은 양수는 자기 숙소에 돌아가 짐을 정리하며 철군할 준비를 했다.

어떤 사람이 하후돈에게 이 사실을 보고하자 하후돈은 깜짝 놀라 양수를 장막으로 불러 그 까닭을 물었다. 양수가 대답했다.

"오늘 밤의 군호를 보고 위왕께서 불일간에 병사를 물려 되돌아가시리라는 것을 알았습니다. 닭갈비는 먹자니 살점이 없고 버리자니 맛이 있는 것입니다. 지금 진격하자니 이길 수가 없고 물러가자니 사람들이 비웃을 것이 두렵고 그렇다고 여기 그대로 있자니 이익이 되는 것이 없습니다. 일찌감치 돌아가는 것이 나을 것입니다. 아마 내일 위왕은 분명 군사를 되돌릴 것입니다. 그래서 떠날 때 허둥대지 않기 위해 먼저 짐을 꾸린 것입니다."

밤에 진영을 순시하던 조조는 군사들이 어느새 퇴각할 준비를 끝낸 것을 보고 깜짝 놀랐다. 양수의 총명함에 질투를 느낀 조조는 한중에서 군대를 철수한 뒤 군사들의 마음을 어지럽혔다는 이유를 들어 양수의 목을 베었다.

어느 날 조조가 양표楊彪(양수의 아버지)를 보고 물었다.

"공은 어찌 이렇게 수척해졌소?"

양표가 대답했다.

"부끄럽게도 김일제金日磾와 같은 선견지명을 가지지 못하여 이제는 어미 소가 송아지를 핥아주는 사랑만 품고 있습니다." (操見彪問曰, 公何瘦之甚.

對曰, 愧無日先見之明, 猶懷老牛犢之愛)

양표의 말에 조조의 안색이 바뀌었다. 김일제는 흉노 휴도왕의 태자로, 한무제 때 표기장군 곽거병이 흉노를 공격했을 때 항복한 후 한무제에게 충성을 다 바쳐 한무제의 총애를 한 몸에 받았다. 그는 아들 교육을 엄격하게 시켰는데, 큰아들이 한무제의 총애를 받아 방종해지자 죽이기까지 했을 정도였다.

내가 사는 포항 지역에서 유학을 공부할 수 있는 유일한 곳은 목천고전연구실이다. 한학자인 목천 선생은 시집보내는 딸 혼수에 한시를 지어넣어 보낸 한 어머니의 이야기를 했다. 어머니가 손수 지어 혼수에 넣어 보낸 그 시를 결혼 후에도 소중히 간직하고 있다가 선생님께 그 시를 풀이해 달라는 30대 중반의 새댁 이야기였다.

그 이야기를 전해 들은 나는 어머니의 자식 교육의 의미와 함께 딸에 대한 깊은 사랑을 엿볼 수 있는 기회가 되었다.

조선 시대의 대학자인 다산 정약용 선생은 포항의 장기에서 7개월의 유배 생활을 시작으로, 전라도 강진에서 17년간 유배 생활을 했다. 그 긴 세월을 보내는 동안 가족에 대한 그리움이 얼마나 절절했을까.

다산 선생이 강진의 유배지에서 그린 그림 중에 〈매조도〉란 작품이 있다. 매화가 하얗게 핀 나뭇가지에 매조 한 쌍이 앉아 있고 그 아래, 그림을 그린 사연이 시와 같이 빼곡히 적혀 있는데, 현재 고려대 박물관에 소장되어 있다.

사연은 다산이 귀양살이를 한 지 몇 해 후 남편에 대한 그리움을 담아 아내인 홍씨가 해진 치마 여섯 폭을 보내왔는데, 너무 오래되어 붉은색이 다 바랜 것이었다. 다산은 그것을 자른 다음 족자 네 폭을 만들어 두 아들에게 주고, 그 나머지로 〈매조도〉를 그려 딸아이에게 보냈다.

한 사람의 아내이자 자식을 키우는 어머니가 될 딸이 화목하게 살아가기를 바라는 애틋한 아버지의 정이 담겨 있는 그림이다. 특히 다산의 아내가 시집올 때 입은 붉은 치마는 오랜 세월이 지났기에 붉은 물이 빠져 담황색이 되어 있었으므로 특별한 의미가 담겼을 것이다.

또한 귀양살이의 몸으로 딸을 시집보내야 하는 아비의 심정이 어땠는지는 말로써는 표현할 수 없을 정도가 아니었을까. 아비로서의 책임을 다하지 못한 안타까움, 미안함을 생각하면서 빛바랜 담황색 치마에 부정을 담아 보내지 않았을까 싶다.

30대 중반의 새댁 이야기를 통해 우리는 선조의 아름다운 삶과 생활 속의 지혜를 배우게 된다. 아울러 부모와 자식 간의 사랑과 함께 말보다는 행동으로 보여주는 정신이 면면히 이어지고 있음을 알 수 있었다.

사랑의 때는 언제일까. 서로의 마음과 마음이 통할 때가 아닐까. 아비의 〈매조도〉를 받아본 딸이 그 마음을 느끼는 순간 서로 화답의 몸이 되어 반응할 것이다.

翩翩飛鳥 편편비조　펄펄 나는 저 새가

息我庭梅 식아정매　내 뜰 매화에 쉬네

有烈其芳 유열기방　꽃다운 향기 매워

惠然其來 혜연기래　기꺼이 찾아왔지

爰止爰棲 원지원서　여기에 머물러 지내면서

樂爾家室 락이가실　집안을 즐겁게 하렴

華之旣榮 화지기영　꽃이 활짝 피었으니

有蕡其實 유분기실　열매도 많겠구나

　-다산이 딸에게 보낸 〈매조도〉의 시 전문

인생이란 오래 산다고 사는 것이 아니다. 짧은 순간을 살더라도 인간답게 사는 것이 진정 사는 것이리라.

태풍이 지나간 뒤에 비추는 가을 햇살이 유독 진하게 얼굴에 와 닿는 맑은 날에 다산 선생의 삶과 30대 중반의 새댁 이야기를 통해 새삼 지나온 삶을 되돌아보게 되고, 자식에 대한 부모의 사랑을 새삼 깨닫게 된다.

成人之美 성인지미

다른 이의 훌륭하고 아름다운 점을 도와 더욱 빛나게 함

사람은 누구나 장단점을 가지고 있다. 신이 아닌 이상 완전할 수는 없기 때문이다. 전지전능한 인간이라든지, 완전무결한 인간이란 존재하지 않는다. 그렇기에 우리는 사람들에 대해 실망하기도 하고, 칭찬하기도 한다. 우리는 사람을 만날 때 상대방의 단점보다는 장점을 크게 보는 것이 자신과 상대방에게도 도움이 될 수 있다.

《논어》〈안연편顔淵篇〉에 이런 말이 나온다.

"군자는 남의 아름다운 점은 도와 이루게 하고, 남의 나쁜 점은 이룩되지 못하게 한다. 소인은 이와 반대이다." (君子 成人之美 不成人之惡 小人反是)

사람들은 세상을 살아가면서 자신만의 프레임을 가지고 살아가게 된다. 프레임이란 심리학 용어로서 '세상을 바라보는 마음의 창'을 뜻한다.

어떤 문제를 바라보는 관점, 세상을 관조하는 사고방식, 세상에 대한 비유, 사람들에 대한 고정관념 등이 모두 이에 속한다. 사진작가들이 같은 장면을 대하고도 서로 다른 사진을 찍어내는 것은 그들이 사용한 프레임이 각기 다르기 때문이라고 할 수 있다.

우리의 인식도 이와 같다. 사람들은 각자의 안경을 통해 세상을 본다. 그것이 흔히 인생관 또는 세계관이라 부르는 것이다. 따라서 부정적인 눈으로 상대방을 보게 되면 단점만 크게 부각되고, 긍정적인 눈으로 보면 상대방의 장점만 크게 보이게 된다.

우리 속담에도 이와 관련된 것이 많다. "고슴도치도 제 새끼는 함함하다고 한다", "며느리가 미우면 걸어가는 발뒤축이 달걀 같다고 나무란다" 같은 경우이다.

서양 동화에 '핑크대왕 퍼시' 이야기가 있다.

옛날에 핑크를 광적으로 좋아하는 핑크대왕 퍼시가 살았다. 핑크대왕 퍼시는 자신의 옷뿐만 아니라 모든 소유물이 핑크였고 매일 먹는 음식까지도 핑크였다. 그러나 핑크대왕은 이것으로 만족할 수가 없었다. 왜냐하면 성 밖에는 핑크가 아닌 다른 색들이 수없이 존재하고 있었다.

고민 끝에 핑크대왕은 백성들의 모든 소유물을 핑크로 바꾸는 법을 제정했다. 왕의 일방적인 지시에 반발하는 사람들이 많았지만 어쩔 수 없이 그날 이후로 백성들도 옷과 그릇, 가구 등을 모두 핑크로 바꾸었다. 그러나 핑크대왕은 여전히 만족하지 않았다. 세상에는 아직도 핑크가 아닌 것들이 존재하고 있었기 때문이다.

그래서 이번에는 나라의 모든 꽃들과 나무와 풀, 동물들까지도 핑크로 염색하도록 명령을 했다. 대규모의 군대가 동원이 되어 산과 들로 다니면서 모든 사물을 핑크로 염색하는 진풍경이 연출되었다. 동물들은 갓 태어나자마자 바로 핑크로 염색이 되었다. 드디어 핑크대왕이 바라던 대로 모든 것이 핑크로 변한 듯 보였다.

그러나 단 한 곳, 핑크로 바꾸지 못한 곳이 있었으니 그건 바로 하늘이었다. 제아무리 권력을 갖고 있는 왕이라 할지라도 하늘을 핑크로 바꾸는 것은 불가능한 일이었다. 며칠을 전전긍긍했지만 뾰족한 수가 떠오르지 않자, 핑크대왕은 마지막 방법으로 자신의 스승에게 묘책을 찾아내도록 명령을 했고, 밤낮으로 고심을 하던 스승은 마침내 하늘을 핑크로 바꿀 묘책을 찾아내고는 무릎을 쳤다.

핑크대왕 앞에 나간 스승은 왕에게 이미 하늘을 핑크로 바꾸어 놓았으니 준비한 안경을 끼고 하늘을 보라고 했다. 대왕은 반신반의하면서 스승의 말에 따라 안경을 끼고 하늘을 올려다보았다. 그런데 이게 어찌된 일일까? 구름과 하늘이 온통 핑크로 변해 있는 게 아닌가? 스승이 마술을 부려 하늘을 핑크로 바꾸어 놓은 것일까? 물론 아니다. 스승은 핑크 렌즈의 안경을 만든 것뿐이었다.

하늘을 핑크로 바꾸는 것은 불가능한 일이지만 하늘을 핑크로 보이게 할 방법은 찾아낼 수 있었던 것이다. 핑크대왕은 크게 기뻐하며 그날 이후 매일 핑크 안경을 끼고 세상을 바라보면서 행복한 나날을 보냈다. 백성들은 더 이상 핑크 옷을 입지 않아도 되었고, 동물들도 핑크로 털을 염색할 필요가 없어졌다.

우리 역시 핑크대왕과 마찬가지로 각자 다른 색깔의 안경을 통해 세상을 바라보고 있다. 이 세상을 즐겁고 신나게 사는 방법은 간단하다. 모두가 눈에 핑크대왕처럼 핑크 안경을 끼는 일이다.

그렇게 되면 세상이 온통 핑크로 즐거워 보일 것이고, 만나는 사람마다 그 사람의 아름다운 점만 비칠 것이다. 네모난 창을 통해 밖을 보면 네모로 보이고 세모난 창을 통해 밖을 보면 세모로 보이듯이, 각자 어떤 프레임을 가지고 있느냐에 따라 부정적인 삶을 살 수도 있고, 긍정적인 삶을 살 수도 있을 것이다.

일상에서 늘 만나는 사람들부터 장점을 칭찬해주자. 그러다 보면 나의 단점도 어느새 사라지고 즐거운 삶이 될 것이다. 삶의 지혜는 멀리 있는 것이 아니라 가까운 곳에 있다. 가까운 사람들의 장점을 도와주면 그것이 곧 나의 장점이 되어 돌아온다는 사실을 말이다.

傷人之語 _{상인지어}

남을 해치는 말

　　동서고금의 격언이나 명언들을 살펴보면 말의 중요성에 대해 언급한 것들이 생각보다 많다. 살다 보면 남의 말을 잘못해서 낭패를 보거나 타인의 말 때문에 피해를 입는 경우가 우리 주변에도 왕왕 있다. "곰은 쓸개 때문에 죽고 사람은 혓바닥 때문에 죽는다"거나 "혀는 제 몸을 패는 도끼와 같다"는 속담들은 모두 말조심하라는 경계의 의미를 담고 있다.

　　조선 연산군 때 문신이자 외척, 사상가, 성리학자인 임사홍任士洪은 글재주가 뛰어나고 수단이 남달라서 숭록대부崇祿大夫 지중추부사知中樞府事라는 높은 관직에 올랐다. 그러나 연산군이 잘못을 저지를 때에 말리기는커녕 도리어 부추기기까지 했다.

　　그는 상대방이 잘못을 하지 않았는데도 잘못했다고 중상모략을 했다. 많은 선비들이 임사홍 때문에 목숨을 잃고 말았다. 또 그는 남의 재산을 함부로 빼앗기를 일삼았다. 연산군 12년, 마침내 난폭한 왕과 신하들을 쫓아내기 위한 반정군이 일어났다. 반정군은 연산군을 내쫓고 진성대군을 왕으로 모셨으니 이분이 바로 중종中宗이다. 이때 임사홍은 처형되고 말았다.

임사홍은 남을 해치는 말을 많이 했는데, 그 말은 바로 자신의 죄로 돌아왔다. 그가 남을 해치는 말을 적게 했으면 죽음에까지 이르지는 않았을 것이다.

말로 상처를 주는 것은 칼로 찌르는 것보다 상처가 크다. 칼의 상처는 시간이 지나면 아물지만 말로써 주는 상처는 죽을 때까지 잊히지 않기 때문이다.

《명심보감》에는 남을 해치는 말傷人之語에 대한 명문이 나온다.

"남의 마음을 헤아려 보고자 하거든 먼저 자기 마음을 헤아려 보라. 남을 해치는 말은 도리어 스스로를 해치게 되는 것이니, 피를 머금어 남에게 뿜자면 먼저 자신의 입이 더러워지는 것이다." (欲量他人 先須自量 傷人之語 還是自傷 含血噴人 先汚其口)

남을 욕하는 것은 자신의 인격을 떨어뜨린다. 험담을 하거나 욕하는 사람의 말을 듣는 사람도 겉으로 드러내지 않지만, 마음속으로는 그 사람을 비판한다. 그렇기 때문에 가능한 욕을 하기보다 그 사람을 이해하려고 애써야 한다.

《전국책》에 유명한 증삼살인會參殺人의 고사가 나온다.

증자로 불리는 증삼會參은 공자의 수제자로서 효자로 소문난 사람이 었다. 어느 날 증삼이 나무하러 간 사이에 갑자기 손님이 찾아왔다. 그러자 증삼의 어머니가 왼손으로 자기 팔뚝을 쥐어뜯었다. 그랬더니 증자가 곧 달려와서 갑자기 자기 팔뚝이 아픈데 무엇 때문이냐고 물었다. 어머니는 집에 손님이 찾아와서 팔뚝을 쥐어뜯어서 불렀다고 대답했다. 이처럼 어머니와 자식의 마음이 잘 통했다고 한다.

이런 어머니인 만큼 증삼을 하늘같이 믿고 있었다. 그런데 이웃 세 사람이 잇달아 달려와서 증삼이 살인을 했다고 하니 그 말을 듣고서는 몹시 놀라 베 짜던 것을 버리고 허둥지둥 담을 넘어 달아났다고 한다.

뜬소문이 무섭다는 뜻으로 쓰이는 증삼살인의 고사는 우리 사회에서 헐뜯는 말이나 근거 없는 조작과 모함이 얼마나 쉽게 먹혀드는지 알 수 있다.

증삼살인과 유사한 삼인성호三人成虎에 대한 이야기도 《한비자》에 나온다. "세 사람이 짜면 저잣거리에 호랑이가 나타났다는 말도 할 수 있다"는 뜻으로 거짓말이라도 여러 사람이 하면 곧이듣는 것이 현실이다.

물질만능주의 사회인 오늘날에는 특히 돈 때문에 남을 속이고 가족이나 친척 또는 친구에게도 거짓말을 하고, 없던 일도 있는 것처럼 꾸며 상대를 모함하고, 비수 같은 말로 가슴속에 상처를 주고 있다.

《화엄경》에는 한 나라에 같이 태어나는 인연도 일천 번의 천지개벽을 거쳐서야 얻어낸다(一千怯同種善根 一國同出)고 한다. 일겁一怯이란 천지가 한 번 개벽하고 다음 개벽할 때까지를 말한다. 같은 나라에 태어나 만난 것도 이렇게 힘든 인연인데 가까운 사람들에게 말로써 피해를 준다면 너무 심하지 않은가.

좋은 말을 하면서 사는 데도 시간이 부족하다. 말로써 많은 죄를 지은 사람은 죽어서도 지옥에 간다고 하지 않는가. 진실의 말은 살아가는 데 좋은 길잡이다. 비록 당장은 참말이 통하지 않지만 가까운 시간 내에 더 큰 신뢰를 가져다줄 것이다.

인생을 사는 법은 물질에 있지 않고 진실과 사랑에 있다. 가장 큰 재산은 돈이 아니라 훌륭한 부모와 형제, 친척, 친구, 이웃이다. 우리 어머니들은 이른 새벽 정한수 한 그릇 떠놓고 자손을 위해 "남의 눈에는 꽃이 되고, 말씀 끝에 향내 나게" 해달라고 치성을 드렸다.

그동안 우리는 입으로 내뱉는 말 속에 난초와 같은 은은한 향을 품고 있었는지, 남을 해치기 위한 말을 지나치게 하지는 않았는지 한번 생각해볼 일이다.

輪偏論讀書

룬편론독서

바퀴장이가 독서를 논하다

불교용어로 많이 쓰이는 불립문자不立文字는 진정한 진리는 언어로 전달하기 어렵다는 의미로 언어의 한계를 나타낸다.

"법회(영산회상)에서 석가모니는 제자들을 향해 말없이 연꽃 한 송이를 들어보였다. 제자들이 어리둥절해 있는데 오직 가섭존자만이 스승의 속마음을 읽고 빙그레 웃었다."

이는 말 없는 얼굴에 잔잔한 웃음 즉 부처와 가섭존자의 이심전심을 나타낸다.

이와 유사한 이야기로 춘추전국시대의 제나라 환공과 바퀴장이의 독서를 논한輪偏論讀書 일화가 《장자莊子》, 〈천도天道〉에 나온다.

제나라 환공이 누각에서 책을 읽고 있는데, 누각 아래에서 수레바퀴

만드는 기술자 편이 나무를 깎아 바퀴를 만들고 있었다. 그는 정신을 집중해 책을 읽고 있는 군주를 보자 자기도 모르게 호기심이 발동하여 끌과 망치를 내려놓고 올라가 물었다.

"임금님께서는 무슨 책을 읽고 계십니까?"

"성인이 쓰신 책이라네."

"성인이 아직도 계시나요?"

"벌써 돌아가셨지."

"그렇다면 임금님께서 읽고 계시는 책은 옛사람의 찌꺼기에 지나지 않는군요."

환공은 갑자기 화를 내며 이렇게 말했다.

"내가 책을 읽는데 너 같은 바퀴장이가 뭘 안다고 감히 지껄이느냐? 납득할 만한 이유를 대면 살려주겠지만 그렇지 않으면 가만두지 않을 테다."

"좋습니다."

편은 조용히 대답했다.

"제게는 바퀴 깎는 기술밖에 없으니 바퀴 깎는 것으로 말씀드리지요. 나무를 깎아 바퀴를 만들 때 튼튼하고 단단하게 이지러진 데 없이 둥글게 만들려면 아주 숙련된 기술이 필요합니다. 예를 들어 바퀴살과 바퀴통 사이를 너무 깎으면 끼워 맞추기는 쉽지만 느슨해서 튼튼하지 않습니다. 조금만 덜 깎으면 빡빡하여 끼워 넣을 수 없지요. 이 때문에 바퀴

익 통에 살이 꼭 맞도록 깎는 기술에는 조금도 오차가 없어야 합니다. 이런 기술은 손으로 터득하여 마음으로 따르는 것입니다. 이런 숙련된 기교는 오랜 작업을 통해 길러지는 것이므로 제가 단순히 말로 제 자식 놈에게 가르칠 수도 없고, 제 자식 놈도 실습을 하지 않고서야 이어받을 수 없지요. 그 덕분에 저는 올해 일흔인데도 아직 여기서 바퀴를 깎고 있답니다. 이렇게 보면 성인은 벌써 죽었고, 그가 남긴 책 몇 권도 옛것이니 임금님께서 읽으시는 그 책이 옛사람의 찌꺼기가 아니고 무엇이겠습니까?"

나무를 너무 많이 깎아버리면 헐렁해서 굳세지 못하고, 덜 깎으면 뻑뻑해서 그 구멍에 들어가지 않는다는 감이불고甘而不固, 고이불납固而不納 (달면 굳세지 못하고 굳세면 들어가지 않는다) 명언이 여기서 나왔다.

고전은 선인들의 지혜와 지식의 정수라고 해도 과언이 아니다. 그러나 책을 통해 지식을 얻을 수는 있지만, 체험과 실천을 통해 자기 것으로 만들지 못한다면 그 지식은 쓸모없는 찌꺼기일 수밖에 없다. 참된 진리는 말로 설명할 수는 없다. 세상의 참된 이치는 직접 체험을 통해 깨달아야 한다. 사람은 말을 통해 의사를 전달할 수밖에 없지만 말은 뜻을 남김없이 그대로 전달할 수는 없는 것이다.

말은 단지 뜻을 전달하기 위해 필요한 수단이기는 하지만 충분한 수단은 아니라는 말이다. 환공이 바퀴장이의 말에 크게 깨달은 바가 있어 더욱 학문에 힘쓴 나머지 나중에 패제후霸諸侯가 된 것도 바퀴장이와 같이 미천한 사람에게서도 배우려는 자세를 가졌기 때문이다.

우리는 말이 많은 시대에 살고 있다. 각종 매스컴과 매체, 인터넷 등으로 말이 많아지다 보니까 말에만 집착해서 의미를 다 파악했다고 생각한다. 하지만 말이 많아질수록 본래의 뜻에서 더욱 멀어진다는 사실을 깨닫고 이론과 실천을 통해 세상을 보는 균형 잡힌 시각을 키워나가야할 것이다.

秋朝覽鏡

추조람경

가을날 아침 거울을 보다

  우리 조상들은 한 해(12달)를 음력으로 조춘早春(1월), 중춘仲春(2월), 모춘暮春(3월), 맹하孟夏(4월), 중하中夏(5월), 계하季夏(6월), 초추初秋(7월), 중추中秋(8월), 만추滿秋(9월), 초동初冬(10월), 지월指月, 중동中冬(11월), 납월臘月(12월)로 불렀다.

  조상들이 사용한 음력은 누구나 계절의 변화를 통해 시간의 흐름을 정확히 파악할 수 있도록 만든 것으로 세월이 지나가는 모습을 눈으로 보고 느끼도록 한다. 월력은 자연의 순리에 따라 농사를 제때 짓기 위한 조상의 지혜가 담겨 있다.

  한 해가 시작된 지 얼마 되지도 않은 것 같은데 몇 장 남지 않은 달력을 보니, 한 해의 끝도 머지않은 것 같다. 달력을 한 장씩 넘길 때마다 살아갈 날이 조금씩 줄어든다고 생각하니 세월의 무심함이 절절히 느껴져 까닭 모를 설움이 울컥 치밀어 오른다.

공자께서는 흘러가는 물을 보고 "세월이 흘러가는 것이 이와 같은 것인저."(逝者如斯夫)라 했다. 그래서 우리는 세월이 유수 같다는 말을 쓴다.

오언·칠언당음五言·七言唐音을 공부하다가 설직薛稷이 쓴 당시唐詩를 읽은 적이 있다.

客心驚落木 객심경락목 나그네 마음 낙엽 지는 소리에 놀라
夜坐聽秋風 야좌청추풍 밤중에 일어나 앉아 가을바람 소리 듣는다
朝日看容髮 조일간용발 아침에 내 용모를 바라보니
生涯在鏡中 생애재경중 백발 생애가 거울 속에 있구나

-추조람경秋朝覽鏡(가을날 아침 거울을 보다)

이 시를 처음 읽었을 때는 별다른 생각이 없었는데, 계절이 두어 번 바뀐 사이에 지난 세월이 야속하게 느껴지고, 이 시가 가슴에 와 닿는 연유는 무엇일까? 시간은 쏜살같이 지나가고 세월은 강물처럼 흘러간다. 나이가 들면 순간의 속도들이 예상보다 빠르게 느껴진다.

어느 가을날에 낙엽 지고 가을바람 부는 객지에서 외로움을 느낀 작가가 거울에 비친 자신의 늙은 모습을 발견함으로써 '인생은 결국 물 흐

르듯 흘러가 비리는 유한한 존재임'을 드러내고 있다.

나이가 드는 것은 자연의 순리인데 사람들은 "자기 늙어 가는 것 모르고 남 늙는 것만 안다"고 한다. 하지만 누구든 가을날 아침 거울 속에 비치는 자신의 모습을 잠시라도 마주한다면 각자 얼굴에 나타난 세월의 무상함을 느낄 수 있을 것이다. 자신을 비추는 거울은 항상 진실하다.

셰익스피어는 "나이가 든다는 것은 젊음과 지혜를 바꾸는 것"이라고 했고, 현대물리학의 해명으로는 "과거와 미래라는 것은 인간의 의식 안에 존재할 뿐, 우주 어디에도 없다. 존재하는 것은 오직 현재뿐"이라고 말한다. 하지만 어떠한 말로 시간을 합리화하더라도 지난 세월은 추조람경의 시구처럼 거울 속에서 백발의 선연한 모습으로 드러난다.

나이가 들면 바람 소리에도 눈물이 나고, 꽃 한 송이 피고 지는 것만 보아도 마음이 아리고, 둥근달이 찬 공중에 떠오르는 것만 보아도 왠지 모를 서글픔이 느껴진다.

나이가 든다는 것은 눈 깜짝할 사이에 사라져 가는 그리움 같은 것이다. 마크 트웨인은 '생명의 선물, 죽음'이라는 글에서 "쾌락이든 명예든 사랑이든 돈이든 모두가 다 한때의 행복일 뿐, 결국 남는 건 고통과 치욕뿐"이라고 했다.

우리의 인생도 물 흐르듯 자연스럽게 흘러가는 것이다. 그것을 인정하고 겉치레에 신경 쓰기보다 순간을 즐겁게, 기쁨으로 하루하루를 살아가는 것이 나이 듦의 조바심에서 벗어나는 비결이 아닐까 싶다.

歲月不待人

세월부대인

세월은 사람을 기다려주지 않는다

　　기사년 정초에 나만의 버킷리스트(올해 꼭 하고 싶은 소망) 10가지를 작성하면서 시간의 소중함을 다시 한번 생각하는 계기가 되었다. 루소는 《에밀》에서 10세는 과자, 30세는 쾌락, 40세는 야심에 미친다고 했다. 이는 인간의 속성을 나이로 비유한 것이겠지만, 사실은 사람이 태어나서 늙는다는 것은 생물학적 기능과 신진대사의 스트레스에 의한 적응능력이 감소하는 것에 다름 아니다. 하지만 그 짧은 시간 동안 '나는 무엇으로 기억될 것인가?' 하는 생각을 깊이 하다 보니 시간 관리가 무엇보다도 중요하다는 결론에 다다랐다.

　　중국 송대의 대표적 시인이자 귀거래사로 널리 알려진 도연명의 잡시에 시간의 소중함을 강조한 시구가 있다.

人生無根蒂 인생무근제 인생은 뿌리 없이 떠다니는 것

飄如陌上塵 표여맥상진 밭두렁의 먼지처럼 표현한 것

分散逐風轉 분산축풍전 바람 따라 흐트러져 구르는

此已非常身 차이비상신 인간은 원래 무상한 몸

落地爲兄弟 락지위형제 땅에 태어난 모두가 형제이니

何必骨肉親 하필골육친 어찌 꼭 골육만이 육친인가

得歡當作樂 득환당작악 기쁨을 얻으면 마땅히 즐겨야 하며

斗酒聚比隣 두주취비린 말술을 이웃과 함께 어울려 마셔라

盛年不重來 성년불중래 젊은 시절은 거듭 오지 않으며

一日難再晨 일일난재신 하루에 아침을 두 번 맞지 못한다

及時當勉勵 급시당면려 때를 놓치지 말고 부지런히 일해라

歲月不待人 세월부대인 세월은 사람을 기다려주지 않는다

'세월은 사람을 기다려주지 않는다'는 말은 일각이라도 소홀히 해서는 안 된다는 뜻으로 흘러간 강물과 같이 한번 지나간 시간은 다시 오지 않는 법이다.

그동안 나는 살아오면서 뚜렷하게 한 일도 없이 바쁘기만 바빴다. 허둥대며 하루하루를 지내다 보니 지명의 세월을 맞았다. 이는 나에게 거부할 수 없는 현실이자 커다란 충격이었다.

10대는 나도 모르게 후다닥 지나갔고, 20대에는 사랑에 취해 허겁지

겁 보냈고, 30대는 일에 젖어 숨 가쁘게 보냈고, 40대는 세상 것에 미혹되어 시간을 다 빼앗겼다. 누구에게나 한 번씩 주어진 일생이라는 시간. 그 시간의 발자국에 나는 무엇을 남겼으며, 어떤 흔적을 남겨야 할 것인가를 생각하면 그저 긴 한숨만 나올 뿐이다.

콩꺼풀이 씌인 듯

눈멀지 않고서는 사랑에 빠질 수 없듯이

잘못이 없고서는 사람일 수 없듯이

오늘도 바빴다

또 무슨 잘못만 만들어내느라고

알면서도 바빠야 했던

정신없는 비극이여

희극적 비극이여

-유안진의 시 〈오늘도 바빴다〉 전문

일찍이 셰익스피어는 인간을 두고 "인생의 무대에서 제가 맡은 역할에 대해 저 혼자 떠들다 사라지는 서투른 배우"라고 하지 않았던가. 정작 중요한 것은 하지도 못한 채, 허겁지겁 바쁘게만 살아왔던 내 모습이야말로 유안진의 시처럼 "알면서도 바빠야 했던, 정신없는 비극 또는 희극직 비극"이 아니었을까 하는 생각이 든다.

좌표 없이 살아온 삶, 부표처럼 표류하며 습관적으로 살아가는 일상 속에서 무엇이 그리 바빴는지…. 대부분의 사람들은 늘 바쁘다는 말만 하며 살아간다. 나도 그중의 한 사람이다. 그동안의 삶을 뒤돌아보며 내린 결론을 오늘은 내가 나에게 고백한다.

'너도 역시 마찬가지였구나.'

그러나 나는 절망을 두려워하지 않는다. 현실에 대한 절망이 큰 자에게만 미래에 희망이 기다리고 있다는 것을, 모든 희망을 포기하고 싶은 절망 속에서 희망이 피어난다는 사실을 너무 잘 알기 때문이다. 지금부터라도 자신에게 남아 있는 시간을 아끼고 가치 있게 사용하는 것, 그것이 자신의 삶을 사랑하는 것이고 생명을 사랑하는 것이다.

나의 지난날을 되돌아보면 시간을 생산적으로 사용하지 못하고, 아무 의미도 없이 낭비했던 일이 많아 아쉬움도 남지만 지난 세월은 후회해도 소용이 없는 법이다. 중요한 시간은 현재밖에 없다. 마더 테레사 수녀는 생전에 이런 말을 남겼다.

"어제는 갔다. 내일은 오지 않았다. 우리에게는 오로지 오늘만 있다. 자, 이제 오늘을 시작하자."

이미 흘러가 버린 과거에 연연하기보다 현재를 사랑하고, 현재 내가 하고 있는 일에 최선을 다해야 한다. 현재만이 살아 있는 시간이다.

人不如人不如無生

인불여인 불여무생

사람이 사람 같지 않으면, 살지 않는 것만 못하다

"사람이 사람 같지 않으면, 살지 않는 것만 못하다." (人不如人, 不如無生)

지구상에 존재하는 다양한 인간 군상 중에는 금수보다 못한 행동을 하면서 살아가는 자들이 생각보다 많다. 그중에서도 분수를 지키지 않고 제멋대로 날뛰면서 무소불위無所不爲로 살아가는 자들은 인육만 덮어썼을 뿐 금수보다도 못한 존재이다.

이런 자들은 세상에 대한 기본과 원칙을 모르기 때문에 덕, 예, 법 같은 것은 아예 무시하고 안중에도 없다. 사랑과 노동의 신성함과 세상에 대한 감사의 마음 또한 없다. 특히 육친에게 고통을 주는 자야말로 천륜을 해하는 가장 나쁜 인간 말종이다.

일생의 동반자인 부부는 서로 다른 환경에서 태어나고 자란 후 만나 인연을 맺는다. 기쁠 때나 슬플 때나 부유할 때나 가난할 때나 병들었을 때나 건강할 때나 죽음이 두 사람을 갈라놓을 때까지 서로 아끼고 사랑하겠다고 주례와 일가친척, 지인들 앞에서 엄숙하고 아름다운 서약을 하고 서로를 맞는다. 결혼 후 남편은 노동을 통해 가족을 부양하며 아내는 가정에서 행복한 보금자리를 만든다. 이윽고 부부의 뼈와 살로 자식이 태어나고, 자식의 행복과 영광은 바로 가족의 행복과 영광이 되며 그들의 불행은 가족의 불행이 된다.

우리나라의 이혼율이 OECD 국가 중 가장 높다는 통계가 나온 원인에는 경제적 문제가 제일 높은 비중을 차지하고 있으며, 성격 차이가 뒤를 따랐다. 특히 결혼 20년 차 이상 된 부부의 황혼이혼 비율이 신혼부부의 이혼 비율보다 높다고 한다. 이는 모두 상대에 대한 배려나 무관심, 대화 부족에서 나타나는 것이다.

하루의 노동을 마치고 노을이 지는 들녘에서 감사의 기도를 올리는 경건한 농부의 모습을 그린 밀레의 〈만종〉은 가족이 살아가는 이유를 알려준다. 땀 흘려 일하고, 사소한 하루의 일상에 감사하며, 서로를 아끼면서 평온한 삶을 살아가는 소박한 생활. 우리의 삶은 이런 소소한 순간순간의 정성과 감사로 이루어지는 것이다.

사람은 누구나 자신의 존재를 인식하며 살아야 한다. 그러기 위해서는 매사에 생각을 하며 살아야 한다. "생각하면 사리를 알게 되고, 생각하지 않으면 사리를 알지 못한다." (思則得知, 不思則不得) 자기성찰만이 일상적인 타성에서 벗어나 인간답게 살아갈 수 있는 삶의 길이다.

법정 스님은 이런 말을 남겼다.

"자기관리를 제대로 하려면 바깥소리에 팔릴 게 아니라 자신의 소리에 귀를 기울여야 한다. 진정한 스승은 밖에 있지 않고 내 안에 깃들어 있다. 그렇기 때문에 자신의 삶에 충실한 사람만이 자기 자신을 제대로 관리할 수 있다. 당신은 당신 자신을 어떻게 관리하고 있는가?"

인간에게 주어진 삶은 그리 길지 않다. 달리는 말을 문틈 사이로 바라보는 것처럼 찰나의 시간이다. 아무리 현실 속의 인간 사회가 부조리하다고 하더라도 인간은 엄연한 이성을 지니고 있으므로 인간답게 살아갈 수 있다. "현실적인 것은 이성적인 것이다."라고 말한 헤겔의 금언도 있듯이 부부는 상대방을 한 인간으로서 서로 인정하는 것만으로도 불행한 이혼을 막을 수 있다고 본다.

당장 눈앞에 보이는 것만 부러워하여 부부의 도리를 망각하며, 사람같지 않은 행동으로 너무 쉽게 갈라서는 남녀들. 이제는 스스로 자신의 인격을 찾도록 노력하면서 상대방을 인정해주며 살아가면 어떨까?

세 치 혀로 서로를 힘들게 하며 각자의 욕망대로 살아갈 수는 있어도, 자신의 양심을 비추는 거울 앞에서는 누구도 자유롭지 못할 테니 말이다.

千萬買隣

천만매린

천만금으로 이웃을 사다

벌써 20년 가까이 지난 일이다. 결혼 후 아파트에서 6년 정도 살았는데 우리가 산 곳은 2층이었다. 그때는 아이들이 어려서 한창 개구쟁이 짓을 하던 시기였다. 아무리 타이르고 주의를 주어도 금세 잊어버리고, 자전거를 타고 거실을 마구 달리지 않나, 고함을 지르면서 이 방 저 방 할 것 없이 마음대로 뛰어다니면서 쿵쿵거리니 아래층 사람에 대한 미안함 때문에 여간 신경 쓰이지 않았다.

아래층에는 50대 후반 정도로 보이는 부부가 살고 있었는데, 계단에서 마주칠 때마다 불편을 끼쳐드려서 죄송하다는 인사를 건넸다. 그럴 때마다 부부는 아이들을 키우면 다 그런 시기가 있다면서 괜찮으니까 신경 쓰지 말라고 오히려 위로의 말을 해주었다. 이해심 깊은 아래층의

276

중년 부부 덕분에 아파트에 살면서도 다른 층에 사는 아이들과는 달리 불편함 없이 우리 아이들은 어린 시절을 보낼 수 있었다. 마침 아파트 근처에는 학교도 있어서 휴일에는 아이들과 운동장에서 공도 차고, 달리기도 하면서 씩씩하게 아이들을 키울 수 있어 아이들과 우리 부부는 행복했었다.

요즘 아파트에서 살아가는 사람들은 갈수록 이웃의 소중함과 가치에 대해서 무관심하다. 그래도 이웃과 함께 살아갈 수밖에 없는 것이 엄연한 현실이다. 나와 같이 일하는 선생님은 아파트에서 살다가 아이들 때문에 아래층 사람과 자주 다투는 바람에 어쩔 수 없이 주택으로 이사했다고 한다.

나도 살던 아파트를 팔고 주택으로 이사해서 10여 년 넘게 살았는데, 길 하나를 두고 대문을 마주 보면서 산 이웃이 있었다. 이사 가서 얼마 되지 않은 어느 날, 친척들이 놀러 와서 대문 앞에 주차를 모두 할 수 없어 마침 건너편에 주차 공간이 있기에 별생각 없이 차를 주차하게 되었다.

친척들이 저녁을 먹고 있는데 대문에서 사람 부르는 소리가 크게 들렸다. 무슨 일인가 하고 급히 뛰어나갔더니, 길 건넛집 아저씨가 나를 보자마자 삿대질을 하면서 큰 소리로 욕을 하기 시작했다. 얼떨결에 당하는 일이라 가만히 있으면서 사태의 진위를 파악한 결과, 주차를 자기 집 쪽에 한 것이 문제의 발단이었다.

저녁 식사를 하다 말고 나온 처남이 차를 빼주면 될 것이 아니냐고 말하자 대번에 멱살을 잡고 나섰다. 우리가 주차한 곳 외에도 주차 공간이 넉넉하게 있었지만 그곳에 주차하기는커녕 막무가내로 싸우려고만 들었다. 사과를 몇 번 한 후 일은 잘 마무리되었지만 대문을 마주 보고 있는 이웃집이어서 기분이 왠지 씁쓸했다.

다음 날 아침, 건넛집 아저씨가 어제는 술이 좀 과해서 그랬다고 사과를 하러 오셨기에, 미리 양해를 구하지 못한 제 잘못이 크니 용서해 달라고 했더니 마음이 풀려 서로 화해를 하게 되었다. 그날 이후 서로 좋은 이웃으로 지내게 되었지만 두고두고 그 일이 머릿속에 남았다.

《남사南史》〈여승진呂僧珍전〉에는 송계아라는 사람이 "백만금으로 집을 사고(百萬買宅), 천만금으로 이웃을 샀다(千萬買隣)"는 이야기가 나온다.

송계아라는 사람이 남강군 군수의 자리에서 파면된 뒤 여승진이라는 사람의 집 근처에 집을 한 채 샀다. 여승진이 얼마나 주고 집을 샀는가 물었더니 송계아가 "천백만금을 주고 샀소."라고 대답했다. 여승진은 집에 비해 값이 지나치게 비싸다는 생각이 들어 어째서 그렇게 많이 줬느냐고 물었다. 그 말을 들은 송계아는 이렇게 대답했다.

"백만금으로 집을 사고, 천만금으로 이웃을 샀다오."

여기서 나온 고사가 천만매린千萬買隣이다.

좋은 이웃을 만나는 것은 복 중에서도 큰 복이다. 좋은 이웃은 돈 주고도 살 수 없기 때문이다.

《논어》〈이인편里仁篇〉에도 이웃에 대한 말이 나온다.

공자께서는 "마을의 인심은 인후한 것이 좋으니, 인후한 곳을 가려 살지 않는다면 어찌 지혜로운 사람이라 할 수 있겠느냐?"(里仁爲美하니 擇不處仁하면 焉得知리오)고 했다. 이인里仁은 마을의 인심이 인후仁厚함을 뜻하고, 위미爲美는 좋은 일을 말한다. 또한 이웃을 골라 거처를 정하는 것을 매린買隣이라고 한다.

좋은 이웃이 있다는 것은 참 좋은 일이지만, 그보다는 자기가 다른 사람들에게 좋은 이웃이 되도록 노력하는 일이 더 중요하다고 본다. 사소한 일에는 먼저 양보하고, 지나친 이기적 행동을 줄이면서 자그마한 것 하나라도 나눌 수 있는 인정을 베푼다면 좋은 이웃이 되지 않을까 하는 생각을 가져 보면서 천만금으로 이웃을 산 송계아의 현명함에 절로 고개가 끄덕거려진다.

禍福 無不己求之者

_{화복 무불기구지자}

화와 복은 자기로부터 구하지 않은 자 없다

　일에는 반드시 처음과 끝이 있게 마련이고 원인이 있으면 결과가 있다. 이를 다른 말로 기본과 원칙이라고 한다. 사람의 근본은 사람답게 살고자 하는 것이다. 그런데 나를 위시하여 요즘 사람들은 자라는 자식들에게 올바른 행동을 하며 살아가도록 근본을 가르치기보다는 잘 먹고, 잘 입히고, 용돈 많이 주는 것만 자식을 사랑하는 척도인 것처럼 착각하고 있다.

　이는 사람이 살아가는 근본을 모르는 데서 생겨나는 무지이다. 가장 가까이 있는 부모에게 먼저 효도하고, 가족과 형제와 친척들을 사랑하며 살아갈 때 이웃을 사랑하며 살아갈 수 있는 사람이 되는 것이다.

　사람이 살아가는 근본은 거창한 것이 아니라 사소한 것이다. 하지만 이런 사소한 근본을 지키며 살아가고 있는 사람이 드문 것이 현실이다.

사회에서 일어나고 있는 각종 범죄 행위들은 사람답게 살도록 자식들을 가르치지 않은 데서 생겨나는 것이다. 내 자식이 잘되기는 바라면서 주변에서 일어나는 일은 내 일이 아니라고 방관하거나 내 자식만 착하기를 바라고 있는 것이다. 이 세상은 혼자 살아가는 것이 아니다. 누구나 사회생활을 하면서 함께 살아가는 것이다.

내 자식 주변에 나쁜 친구들이 있을 것이고, 부모는 밖에서 내 자식이 어떤 행동을 하는지는 모르고 있는 것이 사실이다. 몇 푼의 용돈만 쥐어 주고 겉만 번지르르하게 치장해서 남에게 잘 보이게 하는 것만이 능사가 아니다. 요즘에 와서 많은 사람들이 '변해야 산다'고 하는 말을 한다. 이는 좋은 쪽으로 변하는 것을 말함일 것이다.

"화와 복은 자기로부터 구하지 않은 자가 없다"(禍福 無不己求之者)는 말이 있다. 인간이 살아가는 데 있어서 너무도 소중한 근본인 해야 할 일과 하지 말아야 할 일을 어릴 때부터 철저히 가르쳐야 우리의 미래는 평화롭고 행복한 세상이 될 것이다.

우리의 전통 속에는 근본의 소중함을 일깨우는 미풍양속들이 많이 남아 있다. 일례로 삼강오륜 같은 것이다. 옛것을 무조건 고루한 것이라 치부하기보다는 옛것을 현실에 맞게 살려 활용할 줄 아는 지혜가 있어야 한다.

'예'의 기본은 남을 배려하는 것이다. 남에게는 풍족하게, 자신에게는 검소할 줄 아는 인격을 갖추는 것이다. 그러기 위해서는 몸과 마음을 먼저 닦는 교육을 어렸을 때부터 가정과 학교에서 해야 한다.

지금이라도 시기를 놓치지 않고 올바른 자녀 교육을 한다면 우리의 미래는 결코 어둡지 않다. 그렇지 않고서는 앞으로 어떻게 될지는 아무도 장담할 수 없다. 흉악한 범죄가 난무하고, 마음 놓고 대낮에 걸어다닐 수도 없는 극한 상황에 다다를 수도 있는 것이다.

부모는 자식들의 멘토(스승)가 되어야 한다. 멘토의 역할은 자녀들이 스스로 가치 있는 존재로 생각하고 스스로의 능력을 믿도록 도우며 그들의 선택이 존중받고 있다고 느끼도록 격려하는 것이다. 이를 통해 멘토는 멘티(자녀)가 잠재력을 발현하여 성장할 수 있도록 도울 수 있다.

산타클라라대학교 교수이자 리더십 전문가인 제임스 구제스는 "훌륭한 스승이 그들의 제자보다 더 많은 것을 알 수밖에 없는 이유는 단 두 가지다. 첫째는 배우는 일에 헌신했고, 둘째는 배우는 것을 사랑하기 때문이다."고 했다. 부모는 평생을 자녀보다 많은 시간을 배우면서 살았고 사랑하면서 살아왔다.

경제개발 논리에 밀려 한동안 잊고 있었던, 사람이 살아가는 기본과 원칙을 되살리는 일에 이제는 부모들이 나설 때다. 그동안의 맹목적인 자식 사랑에서 벗어나 사람이 살아가는 근본을 가르쳐서 진정으로 자식을 사랑하는 부모가 되어야 한다.

送舊迎新

송구영신

묵은해를 보내고 새해를 맞는다

   중국 고전의 좋은 글만 가려 엮은, 한나라 유향劉向의 《설원說苑》이라는 책이 있다. 삶의 지혜가 가득 담긴 이 잠언집에 이런 구절이 나온다.

   "배우고 묻는 일을 게을리하지 않아야 자신을 다스릴 수 있고, 가르치고 깨우쳐주는 것을 싫어하지 않아야 남을 다스릴 수 있다. 허무를 귀하게 여기는 자는 변화에 대한 적응과 시운에 대한 합당함을 터득할 줄 안다."(學問不捲, 所以治己也, 教誨不厭, 所以治人也, 所以貴虛無者, 得以應變而合時也)

   이 글귀를 읽고 있으면 "좋은 책 한 권이면 삼대가 바로 선다"는 말이 결코 과장된 것이 아님을 새삼 느끼게 된다.

   한 해의 끝에서 들려오는 세상사의 이야기가 대부분 우울한 것뿐이다. 이는 지나치게 물질적인 기준의 잣대로만 판단하기에 그런 것이다.

억지일지는 모르지만, 과거를 되돌아볼 때 우리 생활이 언제 힘들지 않았던 때가 있었던가. 이럴 때일수록 자신을 다스리고, 자신의 위치를 찾을 줄 아는 지혜가 필요하다.

지혜로움은 글을 읽는 즐거움과 함께 뜻을 세우고 자신을 다스리는 것에서부터 비롯된다고 본다. 사람들은 밭에 거름을 줄 줄 알면서 자기 마음에 거름 줄 줄은 모른다. 힘들다고 넋두리만 하지 말고 힘들수록 책을 읽고, 책 속에서 즐거움을 얻고, 지혜를 찾는 현명함이 있어야 한다. 책을 읽는 것은 자기 마음에 거름을 주어 토양을 튼실하게 할 뿐 아니라 자신을 다스리는 수신修身의 도량道場이기도 하다.

묵은해를 보내면서 문득 새해에는 책 읽는 사람들이 많아져 우리들 가슴 모두에 훈풍이 불었으면 하는 바람을 가져본다.

歲歲年年日出東 세세년년일출동　해마다 해는 동쪽에서 솟아오르고
光陰如矢往來中 광음여시왕래중　세월은 화살같이 가고 오고 있는 중이다
迎新送舊尤多恨 영신송구우다한　새해를 맞이하고 묵은해를 보내며 더욱
　　　　　　　　　　　　　　　한이 많은데
克己工夫最善風 극기공부최선풍　자기를 이기는 공부가 최선의 바람이다

-변광자의 시 〈송구영신〉 전문

'송구영신送舊迎新'은 고전 공부를 같이하는 선배가 처음으로 지은 한시이다. 올해를 보내고 내년을 맞는다고 해서 세상사가 크게 달라질 것도, 동쪽에서 떠오르던 해가 서쪽에서 뜰 것은 아니지만 세월의 무게를 더하면서 후회가 되는 것 중 하나는 좀 더 열심히 배우고 익히지 못한 것에 대한 아쉬움일 것이다. 특히 자기를 이기지 못한 것에 대한 후회는 죽지 않는 한 계속되는 자신과의 싸움이 아닐지.

이 글을 쓴 분은 비록 나와 세월의 차이는 조금 있지만 '글로써 모인 좋은 친구'(以文會友)가 될 수 있어서 얼마나 기쁜지 모른다. 가장 정직한 책은 동양의 고전이며, 같이 공부할 수 있는 지기들이 곁에 있어서 요즘 나의 삶은 나날이 즐겁기만 하다.

묵은해를 보내고 새해를 준비하는 이 시간에, 조용히 자신을 되돌아볼 수 있는 한 편의 시를 감상하면서 나름대로의 목표를 세우고, 그 계획의 일부에 자신을 알고(知己), 타인을 알 수 있는(知音) 고전을 읽는 시간을 마련하면 어떨까.

한 해를 보내는 마음은 누구에게나 후회와 미련이 남을 것이다. 하지만 세모에는 올해의 아쉬움이 덜 남는 알찬 삶을 만들기 위해 좋은 책을 많이 읽는 일상이 되었으면 하고 염원해 본다.

사랑하라, 고전을
처음 사랑을 느낀 것처럼

　중국 명나라 말 '홍응명'이 지은 책《채근담》에는 성공한 사람들의 공통된 특징을 세 가지로 들고 있다. 첫째, 아무리 작은 일이라도 소홀히 하지 않을 것 둘째, 얄팍한 속임수를 쓰지 않을 것, 셋째 아무리 어려워도 결코 포기하지 않을 것이다.

　현 우리 사회에는 존경받는 인물이 점차 사라지고 있어서 청소년들의 역할 모델이 줄어들고 있다. 유명한 인물은 있어도 존경할 만한 인물이 없다는 것은 기성세대가 다시 한번 생각해봐야 할 심각한 문제이다. 유명한 인물 중에는 존경할 만한 사람도 있지만, 그렇지 않고 단순히 많이 알려진 연예인이나 스포츠 선수들 그 외에도 악명 높은 사람들이 있다.

언뜻 머릿속에 떠오르는 인물에는 오사마 빈 라덴, 히틀러, 신창원 등을 보더라도 그렇다.

50년 후 또는 100년 후 존경받는 인물로 불릴 수 있는 인재를 키워나 가는 역할을 지금부터라도 기성세대가 감당해야 한다. "윗물이 맑아야 아랫물이 맑다"는 속담이 있듯이 어른들이 먼저 몸과 마음을 반듯이 하 고, 《채근담》에 나오는 성공한 사람들의 공통점을 매일매일 실천해 나 갈 때 머지않아 존경받는 인물이 우리 주위에서 많아지지 않을까.

존경받는 인물을 키우는 것은 결코 거창한 것이 아니다. 기성세대가 먼저 고전을 읽고 진정으로 실천할 수 있는 일을 작은 일상에서 시작하 는 것이다.

나는 한동안 글을 쓰지 않았다. 그러다가 최근 다시 용기를 내서 글 을 쓰기로 했다. 고전을 공부하면서 글을 써야 할 분명한 이유가 생겼기 때문이다. 지난날의 글쓰기는 하루하루의 생활을 반성하며 더 나은 삶 을 살기 위해서였다. 하지만 동양 고전을 공부하면서 지금은 생각이 바 뀌었다. 내가 글을 써야 할 분명한 이유는 '첫째, 사랑하기 위해서 둘째, 건강하기 위해서 셋째, 새로운 삶을 살기 위해서 넷째, 고전에 관한 책을 내기 위해서'이다.

지혜의 글을 남긴 역사의 현자들은 이미 모두 사라지고, 이제 우리는 그들의 뒷모습만 책을 통해 만나고 있다. 얼마간의 세월이 지나면 현재 를 살고 있는 모든 사람들도 역사의 뒤안길로 쓸쓸히 퇴장할 것이고 나

역시 그럴 것이다. 하지만 삶의 기록인 책만은 여전히 남아 후대에 회자될 것이고 앞서 살다간 선인들의 삶을 기억할 것이다.

사람들 대부분은 나이가 들면 사랑도 식고, 애증도 사라지고, 일상 자체가 무덤덤해진다고 한다. 하지만 무기력한 일상에서 벗어나는 길은 의외로 간단하다. 바로 사람을 사랑하는 일이다. 나이가 들면서 식었던 사랑을 다시 살려내야 하는 역설! 자기 마음조차 자기 마음대로 통제할 수 없는, 나만의 햇살을 만나는 사랑! 그런 사랑을 찾아야 생활에 활기를 찾을 수 있는 것이다.

사랑하고, 건강하고, 새로운 삶을 찾기 위해서는 책을 읽어야 한다. 그중에서도 고전을 읽어야 한다. 고전은 미래의 불확실한 삶의 방향을 제시해줄 뿐 아니라 진한 감동을 안겨준다. 진실하고 아름다운 글은 눈물 나게 할 뿐 아니라 읽는 사람의 불행을 덮어주고, 세상 모든 것을 포용하고 감싸준다.

눈이 부시도록 아름다운 고전의 명문장를 읽다 보면 가까이 있는 모든 사람을 사랑하게 된다. 그래서 고전을 읽자는 것이다.

사랑하라, 고전을.
처음 사랑을 느낀 것처럼.
그래야 진정으로 고전에 빠져들고 싶은 의욕이 넘쳐날 것이다.